Relajarse y sentirse bien

Dr. Dietmar Pfennighaus

HISPANO EUROPEA

Prólogo   5

> INTRODUCCIÓN

Su camino hacia la relajación 7

Desactivar el estrés   8
La ligereza del ser   9
Vacunación contra el estrés   11
Reforzar su sensación corporal   12
Aumento de su aptitud para
el placer   12
Pensamiento positivo   13

Los módulos RELAX   16
Meditar: suspensión del tiempo...   17
Respirar: ondulaciones respiratorias   17
Relajar: contraer para relajar   19
Estirar: ¡seamos flexibles!   19
Sentir: aumento del placer   21
Automotivarse: las palabras-recurso   22

Las claves del éxito   24
Aprendizaje óptimo   25
Identifique sus recursos   27

Haga rumbo a sus recursos   31
Su hoja de ruta RELAX   31

> PRÁCTICA

A sus puestos... ¡salgan!   35

Su kit de arranque   36
Test: ¿Auditivo, Táctil, o...?   37
Determine su prototipo de RELAX   38
Tabla de recapitulación
de los módulos   43
Test: Los puntos de anclaje
de su relajación   44

Sus puntos de anclaje   47
Despertarse en plena forma   48
Una vez levantado...   50
Manos a la obra   52
Entrenamiento de la resistencia   54
Una dificultad más pronto
o más tarde   56
El último viraje   58
Caminatas útiles   60
Haciendo cola   62

Aceptación de esperas obligadas   64
La pausa del desayuno   66
Celebración de todos los éxitos   68
El regreso a casa   70
La velada nocturna   72
Antes de acostarse   74
¡Bellos sueños!   76

Cuando aumenta el estrés   79

**Sus oasis personales
de relajación   80**
Las siete reglas RELAX del placer   81
¿Fatigado? Entonces, bostece   82
¡Conserve la cabeza fría!   84
Una nuca relajada   86
SOS, ojos estresados   88
Cansado por hablar demasiado   90
Dinamice sus orejas   92
Cómo tener la espalda relajada   94
Piernas fatigadas   96

**Reconocer las trampas
del estrés y desactivarlas   98**
¡Fuera las preocupaciones!   99

Disolución de los bloqueos
mentales   100
Saber gestionar el fracaso   102
Esperas y exigencias   104
Cómo gestionar las interrupciones   106
Permanezca sereno ante un atasco   108
Cuando le falta tiempo   110
Atrapado por los conflictos   112
Cómo soportar a las personas
con mal humor   114
Cuando falla el *feedback*   116
Un alud de preocupaciones
desde la mañana   118
¡Por fin la velada nocturna es suya!   120
Camino del reino de los sueños   122

> **APÉNDICES**

Lo esencial, de un vistazo   124

Índice alfabético   127

El **Dr. Dietmar Pfennighaus** es pedagogo, doctor en teología y director de tesis. Durante muchos años ha efectuado investigaciones en el campo de la gestión del estrés y del agotamiento, y ha desarrollado un programa de relajación innovador que ha impartido en numerosos seminarios. Desde 1998 es director del Instituto IBOA (Iniciativa «Quemar sin agotar»)

Prólogo

A mi pregunta «¿Cómo está?», es probable que responda con un «bien, bien» algo lacónico. Si insisto, me contará su vida cotidiana, cosas sobre las personas que le rodean y todo lo que, por otra parte, le interesa en la vida. En un momento dado –sin razón aparente– se pronunciará la palabra «estrés». Ello no significa necesariamente que le vaya mal. Sencillamente, le gustaría que en su vida hubiera un poco más de serenidad y relajación, menos frustraciones y menos conflictos. ¿Es demasiado pedir querer gozar de un poco de relajación y de armonía? Hay algo seguro, esto no se consigue por las buenas, espontáneamente, ¡y usted lo sabe! Necesita una ayuda concreta del exterior; una ayuda que le aporte una especie de «bálsamo mágico» para apaciguar el cuerpo y el espíritu.

¿En qué puede consistir un programa de relajación? En cualquier caso, debe ser fácil de aprender y de aplicar sin demasiado esfuerzo. Si no es así, el proyecto corre el riesgo de naufragar rápidamente en el océano de sus turbulencias cotidianas. En mi programa –bautizado «RELAX»– lo he tenido en cuenta. Basándome en métodos comprobados, he desarrollado un nuevo concepto, sencillo de aprender y de integrar fácilmente en su vida cotidiana, con el fin de que sus acciones se conviertan en hábitos beneficiosos.

Mi libro proporciona un camino hacia una vida más serena y equilibrada. En su parte práctica, desarrollo métodos concretos para 35 situaciones diferentes de estrés. Al lector le corresponde comprobar cuál es el que mejor encaja en su caso. A no ser que prefiera ejecutar –paso a paso– este programa completo de relajación, lo cual le proporcionará, con toda seguridad, el equilibrio deseado.

Confío en que nada le impedirá emprender este camino hacia una vida más armónica y más completa. Mis mejores votos para que alcance sus objetivos.

Dr. Dietmar Pfennighaus

«Relax»
Su camino
hacia la relajación

¡Qué alegría crear y actuar –llenos de impulso

vital y de energía!–. Sin embargo, con demasiada

frecuencia, esta actitud se esfuma cuando no

dominamos la situación o nos creemos víctimas

de circunstancias negativas o de personas

malévolas. Gracias al programa RELAX podrá

reaccionar, aprender a manejar personalmente

y de modo activo su estrés, en resumen,

a transformarlo en energía positiva.

Desactivar el estrés

El estrés no es un fenómeno exclusivo de nuestros días. Desde la noche de los tiempos, forma parte de la vida de los hombres y, ciertamente, está por encima de su triste fama. En efecto, un estrés puede ocultar a otro. Existe el estrés positivo, el que nos tonifica y dinamiza, el que implica una euforia que nos proporciona felicidad y plenitud. En tales momentos, saboreamos la tensión con plena consciencia: como es el caso de una actividad deportiva intensa o durante el acto sexual, por ejemplo.

En el curso de sus investigaciones sobre la felicidad, los científicos han bautizado flow (flujo, corriente) a esta sensación intensa del estrés positivo. Todos lo experimentamos cuando una actividad nos absorbe por completo, hasta el punto de olvidar el mundo que nos rodea. También podemos sentir esta euforia en el trabajo. Eso sí, a condición de que la tarea a realizar nos llene de entusiasmo y que tengamos la certeza de poder alcanzar nuestros objetivos.

La ligereza del ser

La experimentación del flujo apacible de la vida (flow) no está reservada solamente a los adultos: ¡los verdaderos especialistas del estrés positivo son los niños! Obsérveles cuando están totalmente absortos en sus juegos. Por tanto, no es nada sorprendente que resolvamos los problemas más difíciles de manera más fácil cuando aportamos una ligereza lúdica. Entonces todo está a su alcance: éxito, energía y felicidad. Por otra parte, es importante movilizar nuestra personalidad al máximo, así como nuestros sentidos de percepción. Y si la acción se ejecuta con buen humor, entra en juego la magia y el resultado positivo no se hará esperar.

Después, todo cambia...

Súbitamente cambia el ambiente. Ya no es cuestión de juego, y la armonía sólo es un recuerdo... El trabajo se vuelve pesado, y el flujo tranquilo del río experimenta serios baches. ¿Qué ha pasado? Investigaciones recientes, concernientes a la felicidad y al estrés, demuestran que tales cambios bruscos –tan repentinos como inesperados– se producen cuando...

> ...tenemos dudas sobre nuestra capacidad para triunfar en el trabajo,
> ...nos perturbamos o distraemos constantemente por nuestro entorno,
> ...no tenemos una visión clara del objetivo a alcanzar,
> ...vamos detrás del tiempo,
> ...un conflicto nos afecta y nos encoleriza,

TRANSFORMAR LO NEGATIVO EN POSITIVO

Por tanto, no todo estrés es forzosamente negativo. Somos nosotros los que lo sentimos así cuando estamos tensos, agotados y sobrepasados por los acontecimientos. Entonces basta con situarnos en otra perspectiva –cambiar literalmente de punto de vista– a fin de volver a encontrar la calma y el equilibrio, lo cual hace inoperantes a los «agentes del estrés». Resultado: incluso las tareas más arduas se transforman en un desafío del cual salimos más fuertes y eficientes.

INFORMACIÓN

> ...nos sentimos frustrados después de un fracaso,

> ...tememos que los demás nos desaprueben,

> ...no encontramos descanso a causa de un problema.

Estrés y angustia

El término estrés (de origen inglés) significa simplemente, y de modo totalmente neutral, «esfuerzo intenso, tensión». La negatividad sobrentendida proviene de nuestra manera de vivir. La multiplicación de lamentaciones tales como «¡El estrés domina nuestra vida!» estigmatiza exclusivamente el concepto negativo de la palabra, que así ha perdido su neutralidad a lo largo de los últimos decenios.

En realidad, en nuestra sociedad moderna, la mayoría de veces el estrés está provocado por la aceleración y la complejidad de las cosas. Esto exige que el individuo haya de ser cada vez más eficiente hasta el punto en que, súbitamente, tiene la impresión de no poder dominar más su propia vida. Entonces, surgen las dudas: ¿Cuánto tiempo podremos estar a la altura? Dado que ya estamos amoldados al progreso y a las prisas, apretamos a fondo el acelerador de nuestra vida hasta el límite de nuestros recursos vitales.

Consecuencias para la salud...

Todavía no conocemos todo el alcance de las consecuencias de esta manera de quemar la vela de nuestra vida por los dos extremos y a toda velocidad, ya que, hasta ahora, nunca cualquier otra generación había vivido así. Sin embargo, los indicadores son alarmantes: según estadísticas norteamericanas, del 75 al 90 % de las consultas médicas tienen relación con el fenómeno del estrés. En nuestra sociedad altamente civilizada, el estrés es, en efecto, en lo sucesivo, el número 1 de los problemas de salud.

...y la alegría de vivir

Al mismo tiempo se multiplican las lamentaciones de nuestros contemporáneos por estar expuestos a tensiones crecientes y abrumadoras. El trabajo se vuelve pesado y este estrés crónico afecta profundamente a la persona, hasta el punto de destruir todo atisbo de alegría de vivir. Si la tensión sigue aumentando solamente quedan dos posibilidades: aceptamos el riesgo de un malestar cada vez más profundo o aprendemos a gestionar mejor el estrés.

Vacunación contra el estrés

En las situaciones de estrés, nos enfrentamos a exigencias que nos parece imposible poder afrontar eficazmente. Nos sentimos sobrepasados. En realidad siempre existe la alternativa de reducir la parte de las exigencias impuestas por nosotros mismos. Pero esto es algo aparentemente irrealizable la mayor parte de veces, ya que nos parece difícil moderar nuestras propias expectativas; sin hablar de las de los demás. Por consiguiente, sólo queda una

ESTAR EN FORMA

Es suficiente fijarse para comprobar que no reaccionamos cada día de la misma manera ante el estrés. Una buena forma física facilita nuestro dominio de las situaciones conflictivas. En efecto, su forma física es la que determinará si vence el estrés –con su cortejo de afecciones físicas– o si usted logrará resolverlo serenamente. En el bien entendido de que nadie está en forma óptima cada mañana y que las variaciones forman parte de la vida. Por el contrario, es perfectamente posible seguir un verdadero entrenamiento para la correcta gestión del estrés. Eso implica ser menos reactivo ante los agentes de éste.

Examinemos más de cerca una de las causas: cada día, nos vemos expuestos a un montón de imágenes, ruidos y agresiones. No es sorprendente que no percibamos las señales –más bien débiles– de nuestra sensación íntima. Perdemos literalmente el contacto con nosotros mismos. A medida que se multiplican las agresiones exteriores, disminuye nuestro bienestar corporal y nos invade una sensación de vacío.

SUGERENCIA

salida: aumentar nuestra capacidad de adaptación a la situación y a sus exigencias. Pero, ¿es realmente posible implicarse activamente?

Comprobación n° 1:
Reforzar su sensación corporal

El niño muy pequeño, protegido en el seno de su familia, se siente cómodo en el interior de sí mismo. Así pues, al convertirnos en adultos, ¿qué hemos perdido en el camino para que nos cueste tanto sentirnos bien dentro de nuestra piel?

Multiplicar los estímulos: ¡camino falso!

Para combatir este déficit se procede entonces a seguir un camino peculiar. A fin de sentirnos existir, recurrimos a estímulos cada vez más fuertes. Éstos pueden ir desde un baño de muchedumbre a locas extravagancias, pasando por un consumo excesivo de medios de información. Todo ello exige gran cantidad de energía y produce… estrés. Afortunadamente, hay soluciones más sencillas para encontrarse a sí mismo, sin necesidad de gastar toneladas de energía.

Muy apreciada, por ejemplo, es una visita a la sauna, medio indiscutiblemente sano, aunque es difícil practicarlo a diario.

Una respuesta satisfactoria a esta necesidad de intensa sensación corporal deberá estar al alcance de la mano, para poder aplicarla en medio de nuestra actividad diaria. Ha de proceder de un contacto íntimo y reafirmativo con nosotros mismos. El aprendizaje es fácil y cada día obtendrá mayor provecho. Pronto desaparecerá la impresión agobiante de funcionar como un robot. Al cabo de unas semanas, o de unos meses, recuperaremos nuestra alegría de vivir, pues habremos aprendido a restablecer el contacto con nuestro cuerpo y sus recursos.

Comprobación n° 2:
Aumento de su aptitud para el placer

Además de la sensación corporal, hay una segunda fuente de energía que exige ser reactivada: nuestra capacidad receptiva ante los placeres y la satisfacción. Si se compara al hombre con una ciudad fortificada, sus cinco sentidos representan cinco puertas para comunicarse con el mundo exterior. Delante de estas puertas se congregan multitud de estímulos y de excitaciones cuyo único objetivo es llamar nuestra atención. Entre esta multitud, sólo algunos pocos elegidos conseguirán penetrar finalmente en nuestra consciencia. Por tanto, al igual que en una ciudad bien protegida, es preciso decidir constantemente quién puede entrar y a quién dejamos fuera.

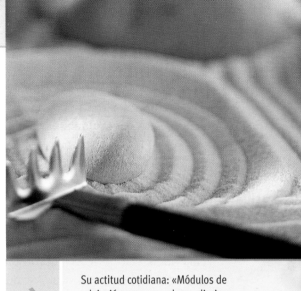

Su actitud cotidiana: «Módulos de relajación» en su quehacer diario: un recurso máximo en un tiempo mínimo.

La mayor parte de nuestra capacidad de atención se moviliza ante los desafíos inmediatos. Si nuestra perspectiva cotidiana está llena de dificultades, acabamos por ver el mundo entero como un conjunto de problemas no solucionados. En este punto es vital para nuestro equilibrio volver a encontrar el contacto con los estímulos y las sensaciones sin el menor nexo con estas solicitaciones del momento. Los ejercicios son muy sencillos: aprenda a desarrollar su sensibilidad y su aptitud con satisfacciones más finas. Cuando le falte tiempo, tómese unos instantes para aplicar sus recursos. Su estrés se reducirá instantáneamente.

Comprobación nº 3: Pensamiento positivo

Desde hace decenios, los médicos y los psicólogos no cesan de repetir hasta qué punto la receptividad de lo positivo es determinante para nuestra salud y nuestra alegría de vivir. Numerosas encuestas demuestran claramente que los individuos «negativos» son más fácilmente víctimas del estrés, y se agotan más rápidamente que aquellos que se impregnan de pensamientos positivos –aun teniendo en cuenta la realidad–. En resumen, quien persiste en no ver más que fracasos, fallos y peligros, se dirige infaliblemente hacia la frustración. Permanecer consciente de la realidad significa aquí: no sucumbir ante un optimismo plácido, sino tocar de pies a tierra.

Regenere su forma de pensar

¿Es consciente de que la mayor parte de sus tensiones las fabrica usted mismo? En realidad, básicamente son nuestros propios pensamientos y sentimientos los que nos estresan. Examinemos algunas situaciones sencillas:

Le empujan. El efecto de esta acción viene determinado por factores tales como la velocidad, el peso, etc. Resultado: usted tropieza. Éste es un tipo de concatenación sobre el cual no tenemos la menor influencia.

Es muy diferente si alguien tiene la desgracia de criticarle. ¿Permanecerá usted sereno, con una calma olímpica? Quizá sea sensible ante una crítica constructiva. Si tiene éxito en el manejo de la situación, y la acepta, no sufrirá ningún tipo de estrés, pero la mayoría de veces nos tomamos mal la crítica, y casi siempre nos parece injusta. Esto puede provocar incluso una depresión. El mal está hecho: el estrés nos invade.

El reverso de la medalla

La misma situación puede generar consecuencias totalmente diferentes, desde el instante en que las emociones entran en juego. ¿Qué es lo que determina, a fin de cuentas, nuestra forma de reaccionar? Evidentemente la responsable es nuestra interpretación muy personal de lo que pasa. Numerosas encuestas muestran que esta evaluación de una situación corresponde –salvo raras excepciones– a una de las categorías siguientes:

> 1ª categoría: tengo la convicción de que el daño es irreparable.

> 2ª categoría: me enfrento a una amenaza.

> 3ª categoría: vivo esta situación difícil como un desafío.

Un despido – tres reacciones

He aquí un ejemplo que ilustra las tres categorías. Tres colegas, contables en la misma empresa, acaban de ser despedidos. El primero está resignado y pasa todo el tiempo lamentándose: está convencido de que nunca volverá a encontrar otro empleo (1ª categoría). Dado que está convencido de haberlo perdido todo, sus opciones de encontrar otro trabajo son realmente mínimas. El segundo también tiene temor ante el porvenir, pero sus inquietudes no le impiden gestiones para buscar empleo. Será necesario que persevere (2ª categoría). Solamente el contable que pertenece a la 3ª categoría tiene en su mano todas las bazas para transformar eficazmente la situación, ya que descubrirá en sí mismo recursos insospechados que le permitirán decidir su destino y abrir nuevas puertas.

El estrés «casero»

Realmente, si los temores y las preocupaciones oscurecen nuestra reacción en una situación de estrés, somos nosotros mismos los que creamos una parálisis desastrosa ante el futuro. Paradójicamente, ¡ésta es una buena noticia! ¿Acaso no tenemos más influencia sobre lo que pasa en nuestra mente que sobre las personas o los acontecimientos exteriores? Incluso enfrentados con el peor de los estreses, podemos esbozar una sonrisa tranquila a condición de que nuestra interpretación de la situación sea constructiva y dinámica.

Por tanto, es muy importante vigilar para que nuestro diálogo interno no adquiera acentos demasiado negativos y nos impida pasar a la acción. Cuando las evaluaciones y las interpretaciones positivas dominan, la actitud clásica y debilitante de «sí, pero…» desaparecerá –lentamente, pero con seguridad–.

EN EL BUEN CAMINO

Si nuestro cuerpo y nuestro espíritu se informan del entorno de manera calmada y sosegada, podremos manejar serenamente el estrés manteniendo la cabeza fría. Estamos ante un efecto interesante de *feedback*: no sólo la sensación agradable del cuerpo y la receptividad ante las sensaciones positivas se influyen mutuamente, sino también provocan al mismo tiempo una percepción optimista de la situación. Si añade una interpretación constructiva y equilibrada, la relajación habrá ganado en toda la línea. ¡Ya nada impedirá ese bienestar incomparable de sentirse en contacto directo con uno mismo y de aprovechar los pequeños y grandes placeres de la vida!

SUGERENCIA

Los módulos RELAX

El programa RELAX ha sido desarrollado para todos aquellos que quieren escaparse del baño cotidiano del estrés, sin tener que dedicar demasiado tiempo y demasiados medios, y sin someterse a presión. En las páginas siguientes y a lo largo de todo el libro encontrará los seis módulos de nuestros ejercicios RELAX, numerados del **1** al **6**.

¡Buen viaje!

1 Meditar: suspensión del tiempo...

Cuando sale de un sueño profundo, necesita algunos instantes para restablecer el contacto con los elementos familiares de su entorno. El resurgimiento de este tipo de «inconsciencia» puede revelarse precioso en otros momentos de la jornada. Especialmente cuando hay demasiadas obligaciones, y demasiadas tareas, que nos dan la impresión de no ser más que robots constantemente en marcha, que funcionamos como si fuéramos teledirigidos.

Incluso cuando viva una jornada más bien fría, una breve parada –una suspensión de toda actividad– aumentará su fuerza tranquila y su equilibrio. Para ello, basta restablecer contacto con uno mismo y recurrir a percepciones sensoriales nuevas.

Aprovechar los «nichos de relajación»

La mayor parte del tiempo, basta una frase corta o una afirmación sencilla para conseguir que casi instantáneamente nuestra atención abandone los estímulos estresantes y desaparezca la tensión. Es como si nos concediéramos a nosotros mismos permiso para respirar.

Mientras este proceso no haya llegado a convertirse en hábito, un pequeño ritual puede servir de ayuda. Hay toda una serie de posibilidades a las que puede recurrir según sus preferencias: beber un sorbo de agua fresca, mirar una foto o una pintura, frotarse las manos, castañetear los dedos, etc. A fuerza de repetir este tipo de mini-gestos –en el curso de su jornada– éstos le recordarán la necesidad de concederse una pequeña pausa con el fin de obtener nuevas energías.

2 Respirar: ondulaciones respiratorias

Nuestro cuerpo está atravesado constantemente por los movimientos de nuestra respiración, ondulaciones que percibimos fácilmente, y que podemos influir y modificar, también de forma fácil.

En el proceso de relajación, la respiración ocupa una función clave. Cuando se está agitado o nervioso, el ritmo respiratorio se acelera y el aliento se vuelve tenso y menos profundo. Todos sabemos que un estrés extremo puede literalmente «dejarnos sin aliento».

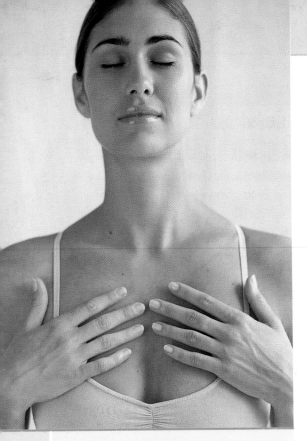

Cuando calme su respiración –gracias a movimientos lentos y profundos– sentirá que aumenta la relajación. Por tanto, tenemos un medio sencillo y rápido para salir del estrés: la regulación de la respiración. Eso le ayudará a recuperar el contacto con sí mismo y a disolver las tensiones.

Bienestar profundo

Cuando conseguimos calmar nuestra respiración –por el simple hecho de observar atentamente– nuestro organismo produce endorfinas, las «hormonas de la felicidad» que nos proporcionan una profunda sensación de bienestar. Una respiración más amplia activa el sistema nervioso del plexo solar y de todo el bajo vientre. Con cada respiración profunda, se estimula positivamente el parasimpático, el cual está directamente relacionado con la relajación. Entonces las tensiones y las angustias se dominan mucho más fácilmente.

Las respiraciones profundas proporcionan rápidamente sensación de bienestar.

Todo el cuerpo respira

A fin de optimizar el rol de la respiración en el proceso de relajación, es preciso estimularla con ejercicios específicos y ser cada vez más consciente, dejarse mecer por su respiración, abandonarse, crear un estado permanente de relajación profunda.

Con un poco de entrenamiento, notará cada vez más nítidamente la «onda respiratoria» que atraviesa su cuerpo, al menos por la caja torácica y el vientre. En efecto, es más difícil percibir la respiración en otras zonas del cuerpo. La concentración dirigida de los ejercicios RELAX desarrolla este contacto directo y consciente con su respiración.

❸ Relajar: contraer para relajar

Lamentablemente sólo somos conscientes de la mayor parte de nuestros músculos y articulaciones cuando hay dolor o disfunción. El doctor Edmund Jacobson descubrió en 1934 que sentimos más fuertemente la relajación cuando ha sido precedida por una contracción voluntaria. Su método de «relajación muscular progresiva» se aprende fácilmente y cuenta con numerosos adeptos.

Es evidente que la relajación más corta de nuestro método no puede tener los mismos resultados que el entrenamiento completo y diario de la relajación muscular progresiva. Sin embargo, el simple hecho de contraer y relajar ciertas partes del cuerpo implica ya un buen grado de eficacia. La experiencia de esta relajación inmediata, que sigue a una fuerte contracción muscular, es muy agradable. Este bienestar se refuerza con la visualización de que todas las tensiones abandonan nuestro cuerpo, que así queda relajado y en calma.

❹ Estirar: iseamos flexibles!

Ante una fuerte contracción muscular, nuestro cuerpo reacciona con estiramientos naturales y muy agradables. Así, por la mañana, al levantarnos, nos es-

LA RELAJACIÓN MUSCULAR PROGRESIVA ACTÚA A DIVERSOS NIVELES

> **A nivel corporal:** la intensidad de una sensación aumenta con el contraste desencadenante. Así sentimos más fuertemente el calor de una habitación cuanto más intenso es el frío del exterior. El mismo principio es aplicable a la tensión de un grupo muscular: cuanto más fuerte sea la contracción, más fuerte será la relajación. La consecuencia muy positiva es que pueden tonificarse grupos musculares poco desarrollados.

> **A nivel mental:** nuestro espíritu –nuestra alma– experimenta un profundo alivio cuando conseguimos soltar algo que nos retenía desde hacía tiempo.

INFORMACIÓN

tiramos instintivamente en todas direcciones para recuperar la elasticidad y la flexibilidad de las articulaciones y de los músculos. En el mundo entero es muy conocido el stretching, pero no todos los especialistas son unánimes en cuanto a las ventajas de su aplicación. Sin embargo, poco importa el método que adopte, pues lo esencial es no lanzarse ciegamente a un programa, sino permanecer atento a las necesidades del cuerpo.

Hacer el gato

Si nos movemos suficientemente en el curso de la jornada, los microestiramientos necesarios para el bienestar de nuestro cuerpo se harán solos, y de modo natural. Pero dado que pasamos largas horas sentados –lo cual provoca tensiones y contracciones– estos estiramientos no se producen de modo espontáneo, al haberse perdido nuestro instinto natural. Es suficiente observar a un gato o a un perro. Antes de levantarse, se estiran, larga, intensa y profundamente. ¿Y nosotros? Después de estar largo tiempo pegados a nuestra silla, nos levantamos bruscamente, sin la menor transición.

Escuche a su cuerpo: él le dirá lo que necesita.

Escuche a su cuerpo

¿Conoce las zonas de su cuerpo que es necesario estirar después de la posición de sentado o acostado? Siéntalas y dé tiempo y espacio a sus músculos para efectuar estos movimientos. En todo caso, su cuerpo le guiará. Procure repetir estos estiramientos espontáneamente varias veces en el curso de la jornada. Comprobará que estos movimientos encajarán muy fácilmente en su vida cotidiana.

Su cuerpo le indicará exactamente la duración de cada estiramiento. Basta con escucharle. Si todavía le cuesta un poco dialogar con su cuerpo, procure no sobrepasar cinco segundos por estiramiento. De cualquier manera, deberá percibir el esfuerzo como algo agradable; si experimenta el menor dolor, detenga el movimiento. ¡Olvide su afán de perfección y escuche los mensajes de su cuerpo! No añada nunca balanceos o movimientos de resorte para aumentar los estiramientos. Tenga bien presente que los estiramientos son eficaces siempre que se vivan como algo agradable, sin el menor dolor. El efecto relajante sólo se produce si el cuerpo está sumido en un ambiente de bienestar.

Cuando estos estiramientos formen parte integrante de su vida cotidiana, su cuerpo se encontrará tan bien que los realizará espontáneamente, de modo natural, sin necesidad de pensar. Cuando –gracias a los ejercicios RELAX– haya desarrollado paralelamente una mejor percepción de sus sensaciones corporales, detectará fácilmente la parte de su cuerpo que debe estirar. Si desea aumentar el efecto relajante de estos estiramientos, pase lentamente la mano por ciertas zonas del cuerpo. Si el tacto es agradable, puede reforzar la presión hasta efectuar un automasaje. Al mismo tiempo, imagine cómo el equilibrio y la relajación se difunden por todo su cuerpo.

5 Sentir: aumento del placer

Bajo la presión de un problema insoluble, tratamos espontáneamente de resoplar y de retroceder. En realidad, el éxito de esta tentativa no dependerá solamente de la importancia del problema. Primordial, y más determinante, será nuestra capacidad de experimentar placer: ¿hasta qué punto somos receptivos a la satisfacción y a la alegría que disuelven temores y angustias?

La alegría disuelve la angustia

A fuerza de enriquecer su vida multiplicando las fuentes de placer y de satisfacción, recuperará rápidamente la consciencia de su cuerpo y, al mismo tiempo, la confianza en sí mismo y una alegría de vivir renovada. Por otra parte, se ha comprobado que la alegría disuelve literalmente la angustia. Por tanto, si aumenta su aptitud para el placer, impide que se instale el temor.

El programa RELAX utiliza ampliamente esta realidad. Se adquiere plena «consciencia» de la más mínima fuente de placer o de satisfacción, por reducida que ésta sea. En este contexto, se aprecia claramente que la alegría no depende en modo alguno de productos o de estímulos específicos, sino, sobre todo, de nuestra aptitud para el placer. En resumen, no se trata de multiplicar los «juguetes», sino el abanico de nuestra sensibilidad al placer. En la página 81 encontrará las «reglas del placer» que RELAX preconiza.

6 Automotivarse: las palabras-recurso

Es casi imposible imaginar lo que contienen los 60.000 pensamientos que pasan por nuestra mente cada día. En ese conjunto se mezclan observaciones, elogios y reproches que nos han hecho, y a los que damos vueltas una y otra vez. Lamentablemente, la mayoría de nosotros retiene más las críticas que los aspectos positivos. Si en un lapso de tiempo bastante corto, un reproche sigue a una alabanza, la mente se concentrará esencialmente en este último. Como promedio, se necesitan cinco elogios para neutralizar un solo reproche.

Autovías mentales

Seremos víctimas de este proceso mientras no decidamos voluntariamente dejar que las críticas negativas se disuelvan en el olvido, y tan sólo retengamos lo positivo. Nuestra manera de evaluar una situación forma parte de la propia personalidad, y es imposible hacer desaparecer frustraciones y angustias con sólo la voluntad.

En efecto, en el curso de nuestra vida, hemos desarrollado modos de pensar profundamente arraigados. Según los diferentes estímulos, a continuación se desencadena automáticamente una u otra emoción. A fuerza de ser utilizados, estos «circuitos de pensamiento» se transforman en verdaderas autovías. Ciertamente, es vital poseer un arsenal de reflejos condicionados para poder reaccionar rápida y espontáneamente ante los acontecimientos de la vida, pero lamentablemente también recurrimos a ellos si conducen inevitablemente a una alteración emocional.

Toda evaluación y todo análisis de una situación –al mismo tiempo que toda emoción– vienen determinados por la experiencia. Durante nuestra vida continuamos almacenando nuevas experiencias, a las cuales atribuimos un valor en nuestra escala de estimación. Felizmente, es posible –durante toda nuestra vida– añadir a nuestro acervo interpretaciones habituales de nuevas evaluaciones voluntariamente aceptadas. Gracias a ellas podemos desactivar, e incluso eliminar, modos de pensar obsoletos y nocivos. Entonces nuevas reacciones eficaces para nuestro equilibrio podrán hallar un lugar permanente y beneficioso.

Fórmulas mágicas

Estas palabras mágicas sólo formarán parte integral de su potencial emocional si las repite frecuente y regularmente. Es aconsejable escribirlas en notas o tarjetas, y colocarlas en puntos estratégicos de su entorno. Se ha comprobado que estas fórmulas mágicas se imprimen más en la consciencia si se las pronuncia en voz alta. Observe atentamente si al formularlas su entonación es fácil y suficientemente convincente.

EL VASO MEDIO LLENO

La energía que hemos invertido hasta el presente para considerar que el vaso está medio vacío –lo cual es negativo– no nos impide de ahora en adelante invertirla en la convicción positiva del vaso medio lleno, es decir, conteniendo todavía todo un potencial de posibilidades. Así modificamos nuestro punto de vista y nuestra interpretación de una misma situación, y nos abrimos a una nueva comprensión y a un aumento de nuestra fuerza interior, lo cual es muy útil cuando necesitamos pensamientos de ánimo o de consuelo.

INFORMACIÓN

Las claves del éxito

Ciertamente ya ha ensayado «desactivar» su vida cotidiana para encontrar relajación y armonía. Pero cuando se encuentra con los avatares de la agitación del ambiente, todos sus buenos propósitos pueden esfumarse. Si está acostumbrado a este panorama, diríjase a la buena dirección: RELAX le facilitará el aprendizaje de la serenidad, ya que las diferentes etapas se integrarán de modo natural en su vida cotidiana. Los instrumentos de relajación estarán a su disposición constantemente, y de modo inmediato, en cualquier situación. Por otra parte, sus experiencias le estimularán a afrontar incluso las «trampas del estrés», para las cuales no es suficiente la simple relajación.

Aprendizaje óptimo

Nuestro método propone un aprendizaje óptimo de una relajación dirigida y eficaz, sin necesidad de invertir demasiada cantidad de tiempo, medios, esfuerzos y paciencia durante un largo periodo. Para alcanzar este objetivo, el concepto de RELAX se apoya en cinco reglas, probadas científicamente. Así pues, implica un aprendizaje eficaz que no desdeña nunca el factor de diversión.

Repetir una y otra vez

Aprendemos más fácilmente aquellas cosas con las que nos enfrentamos de forma frecuente. Además, lo que se practica regularmente no se olvida. Afortunadamente, esta ley no sólo se aplica a las cosas de nuestra vida cotidiana, sino también opera con la misma eficacia para los estímulos necesarios a nuestro equilibrio y a nuestra alegría de vivir. Los científicos subrayan un aspecto importante: los pequeños placeres –frecuentes y discretos– proporcionan más plenitud y alegría que las experiencias raras y fuertes. Eso significa que nos sumergimos en un ambiente de felicidad intensa si podemos experimentar la alegría de contemplar un árbol precioso o cuando emitimos pensamientos sinceros y positivos hacia alguien. Eso es posible en cada instante y no importa dónde: recordar el espacio de algunos instantes, de algo bello, sensible, conmovedor. Destine a estos pequeños momentos de placer un lugar permanente en su vida cotidiana, y tendrá todas las opciones para combatir eficazmente a sus agentes de estrés.

¡Resultados, rápidamente!

Nuestra motivación para aprender de nuevo depende en gran parte de la rapidez con la cual se obtengan los primeros resultados positivos, así como del esfuerzo exigido. Veamos el ejemplo de alguien que quiere aprender un idioma extranjero: el hecho de ser capaz bastante rápidamente de sostener una conversación, estimulará la continuidad de sus esfuerzos. Lo mismo ocurre con la relajación. En este aspecto, como en otros, deseamos un dominio rápido del «vocabulario» básico y esperamos resultados desde las primeras semanas.

La tranquilidad y la calma favorecen la relajación.

Con los cinco sentidos

Aunque no somos iguales en cuanto a capacidad de aprendizaje, un hecho es común a todos: en la memoria sólo retenemos alrededor del 10% de lo que vemos o escuchamos, pero sí el 90% de nuestras experiencias personales y directas. Por otra parte, el proceso de aprendizaje será tanto más intenso cuanto más sentidos se movilicen. Eso significa: cuanto más se inscribe una experiencia en la vivencia corporal, más fuerte será su huella en nuestra memoria.

Construir un rompecabezas lúdico

Otra comprobación importante: aprendemos más fácilmente si estamos tranquilos y con espíritu lúdico. En efecto, esta actitud relajada favorece la integración de cosas nuevas, pues no deja el menor resquicio al temor del fracaso. Así, podemos dedicar toda nuestra energía a lo esencial. Eso tiene una importancia muy particular en nuestro combate del estrés, pues si nuestra gestión de relajación contuviera nada más que un ápice de afán de triunfo, la relajación y la calma llegarían a ser inaccesibles. Esta ley es aplicable también a las experiencias agradables de la felicidad, esos vectores euforizantes del bienestar.

La felicidad absoluta sólo es accesible a quien aspira a ella sin crispación y sin esfuerzo voluntario.

Toda tentativa –por disimulada que sea– de alcanzar a cualquier precio su objetivo produce estrés y nos impide vivir el acontecimiento en un estado dichoso de olvido de sí mismo. He aquí por qué la relajación funciona mejor si la integramos de modo muy tranquilo dentro de nuestros hábitos. ¿Cómo funciona esto? Sencillamente, ampliamos lo que ya conocemos que nos relaja. O sea, no es necesario elaborar todo un programa de trabajo, pues bastará dejarse llevar y guiar por el descubrimiento de lo que nos va bien, y de cuándo lo necesitamos. En un estado de espíritu lúdico, cada uno construirá su rompecabezas personalizado de relajación, integrando los diferentes elementos de modo que sean muy particularmente operativos en caso de estrés.

No actúe como la cigarra

¿Pertenece a la categoría de los que creen que aprenden mejor bajo presión? Es verdad que algunas veces eso funciona. Sin embargo, la mayoría de veces tanto la presión como la agitación impiden un aprendizaje eficaz. Es lo mismo que sucede con el individuo agotado y al límite de sus fuerzas: antes de iniciar una estrategia de relajación, será necesario que se encuentre a sí mismo a fin de recargar sus baterías y renovar sus energías. Solamente más tarde, podrá modificar los hábitos arraigados y llegar a ser receptivo a nuevas percepciones sensoriales.

Por otra parte, tendrá la satisfacción de componer un programa de relajación eficaz y a medida. Se aconseja encarecidamente no llegar hasta la fatiga, e instaurar los nuevos hábitos positivos mientras todo vaya bien en su vida. Cuanto más previsor sea –al contrario que la cigarra– y más familiarizado esté con los ejercicios, más eficaz será su acción en caso de necesidad.

Identifique sus recursos

¿Ha experimentado alguna vez un pánico de tal índole que le haya parecido que no tenía el menor recurso ni la menor energía para resolver la situación? En caso afirmativo, hagamos simplemente un pequeño ejercicio imaginando una situación extrema: en una travesía por el desierto se han agotado las reservas (vitales) de agua y de alimentos. O bien, participa en una cordada en invierno y su cuerpo está

LOS CINCO «PLUS»

Al alcance de todos, nuestro concepto de relajación...

> Es aconsejable incluso para las personas muy ocupadas;

> Produce rápidamente resultados positivos;

> Influye a la vez en el cuerpo y el espíritu;

> Se aplica muy fácilmente;

> Es tan agradable que dan ganas de practicarlo incluso durante los periodos de bienestar.

RESUMEN

totalmente helado, sin la menor esperanza de entrar en calor. Su organismo se enloquece y lanza un SOS. Una situación de estrés produce este tipo de síntomas. Con casi la (gran) diferencia de que su vida no está amenazada: tiene agua para beber, aire para respirar, un lugar en la vida y el calor y la luz que necesita.

Sin embargo, se impone una comprobación, que parece banal a primera vista: poco importa la gravedad de un estrés, pues poseemos los recursos necesarios para restaurar la vitalidad, la movilidad y nuestro margen de maniobra. Basta adquirir conciencia de esta realidad para sentirnos ya claramente menos amenazados e impotentes.

Retroceder para recuperar la perspectiva

¿Siente una angustia profunda que le quita toda esperanza de llegar a un estado de paz y de relajación? RELAX le permitirá recuperar la confianza y, de este modo, alcanzar su objetivo. Algunas veces es imperativo que una persona

LOS 4 ELEMENTOS BÁSICOS

Su estrés pierde fuerza a partir del momento en que recuerda que los cuatro elementos básicos de nuestra vida permanecen constantemente a su disposición:

> **El agua,** cuya acción refrescante sentimos sobre nuestra piel o al beberla.

> **El fuego,** que nos calienta agradablemente, nos alumbra y nos ilumina.

> **El aire,** que necesitamos en cada instante. Cada inspiración consciente nos renueva y nos vivifica por medio del oxígeno.

> **La tierra,** que es nuestro elemento nutricio. Tenemos un lugar que da seguridad donde echar nuestras raíces.

haga una pausa a fin de retroceder y recuperar la perspectiva con relación a un desafío puntual. Entonces puede ser que tenga miedo de perder el hilo y verse obligada a volver a la casilla de salida. De ahí la necesidad de definir, cada vez, cuál es la perspectiva que realmente necesitamos.

Unos cuantos segundos pueden ser suficientes para evitar una bajada de forma, pero en ciertas situaciones esta duración debe sobrepasar imperativamente un minuto.

Cuando nos arriesgamos a ahogarnos literalmente en un trabajo, a naufragar porque hemos perdido la visión global de nuestra tarea, es muy aconsejable un retroceso más largo y más intenso.

Atreverse a ir más despacio

¿Qué sucede cuando debe presentar un proyecto a las 17 horas, y un acontecimiento imprevisto trastorna su previsión del tiempo hasta el punto de someterle a una presión máxima? Probablemente trate de recuperar el tiempo perdido trabajando a marchas forzadas. La tensión resultante hace casi imposible realizar cualquier trabajo creativo.

En realidad, nuestra sociedad moderna está dominada por este tipo de arrebato por la velocidad. Así, una tensión emocional entre 0 y 20 en nuestro tensiómetro (página 30) sería insuficiente para trabajar. Pero, incluso si subimos a 80 o 100, no dejará de bajar nuestra eficacia, ya que ahora seríamos hipertensos. Estamos en una situación en la cual una pequeña pausa permitirá moderar el ritmo, al mismo tiempo que no dejamos de mirar al reloj.

Desarraigar las emociones del pasado

RELAX le incita, por otra parte, a interrogarse sobre el porqué de este continuo resurgimiento de emociones negativas. Frecuentemente las causas son pro-

EL TENSIÓMETRO

0 = Estoy tan relajado y tranquilo que podría dormirme al instante.

50 = La acción se desarrolla casi por sí sola, y este ritmo moderado permite que me aproveche de una fuente inagotable de energía.

100 = Estoy bajo alta tensión y corro el riesgo, en cualquier momento, de hundirme bajo el peso de los problemas que hay que solucionar.

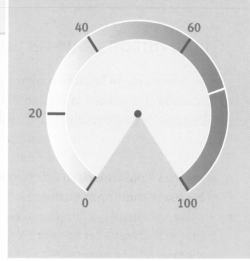

fundas, y provienen de un pasado lejano o de problemas no resueltos de su vida actual. En cualquier caso, no podrá caminar de forma óptima hacia la relajación más que a condición de aniquilar a estos forjadores de problemas.

Estas perturbaciones tienen un amplio espectro. He aquí una pequeña lista que le ayudará a identificar sus factores personales de angustia y de tensión:

> Reproches o rencores, especialmente en el seno de la familia.

> La no aceptación de sus raíces personales.

> Una insatisfacción permanente con relación a las condiciones de su vida y la convicción de ser una víctima.

> La tendencia a hacerse reproches y a cuestionarse constantemente.

> Una sed de perfección que implica el riesgo de transformarse en obsesión.

> La imposibilidad de encontrar un sentido a su vida.

> Convicciones demasiado extremas concernientes a la religión o a su filosofía de la vida.

Estas actitudes mentales implican el riesgo de hacer su vida totalmente estresante. Por el contrario, cometería un error si, gracias a un método de relajación, quisiera hacer aceptable una situación que no lo es. Entonces, más bien debería intentar cambiar la situación. Si, después de cierto tiempo, sus tentativas resultan infructuosas, será necesario efectuar una intervención más radical. Solamente así evitará el agotamiento emocional permanente y el surmenage crónico.

Haga rumbo a sus recursos

Seguramente ya lo habrá comprobado: regulamos más fácilmente las cosas de nuestra vida cuando la tensión y la presión disminuyen. El programa RE-LAX actúa de modo preciso y decisivo en este ámbito, pues permite recuperar el contacto con uno mismo, con lo cual la insatisfacción permanente de su cuerpo cederá el lugar a un bienestar profundo. Se multiplican los momentos agradables y positivos de su vida ya que, a partir de ahora, un simple paseo por el bosque se transforma en una vivencia interesante y enriquecedora.

Al mismo tiempo, mantiene su equilibrio y cierta perspectiva en las situaciones de estrés; ya no se dejará paralizar por la angustia, la cólera u otras emociones tan impotentes como inútiles. Su vida cotidiana se vuelve ligera, ya que tendrá, en lo sucesivo, una certeza fundamental: poco importa la gravedad de un fracaso o de una pérdida, nadie podrá quitarle esta facultad de recurrir –en cualquier tipo de situación– a sus fuerzas internas.

Su hoja de ruta RELAX

A medida que la presión de los problemas cotidianos se vuelve demasiado fuerte, se corre el riesgo de perder de vista los objetivos a alcanzar. Para que esto no suceda, también con el programa RELAX, encontrará aquí un modo de empleo muy concreto, fácil de comprender y de aplicar.

Su planificación RELAX

Un punto muy importante: efectúe sus primeros ensayos a su velocidad y a su ritmo personal. Y no imponga demasiadas innovaciones, ni demasiadas iniciativas nuevas a la vez. De cualquier manera, cada individuo tiene su velocidad óptima, que no podrá sobrepasar ni siquiera si multiplica informaciones y estímulos. En concreto, esto significa que el proceso solamente será eficaz si usted pasa al ejercicio siguiente a condición de haber dominado e integrado el anterior.

Segundo punto: no deje las riendas sueltas, sobre todo en lo que concierne al arranque de su programa RELAX. Corre el riesgo, bajo diversos pretextos, de retrasar la fecha una y otra vez. Establezca una planificación del tiempo

Planificar el tiempo, es un anticipo de las satisfacciones futuras. Promesa de una vida con menos estrés.

bien estructurada. Fije desde hoy la fecha de inicio de su entrenamiento, programe el primer día muy concretamente con una «R» –la inicial de RELAX– en su agenda, de modo que sus actividades estén adecuadamente previstas.

Es igualmente aconsejable marcar desde el principio el paso de la primera a la segunda fase, y después a la tercera; por tanto, otra «R» en su agenda, exactamente dos semanas después de la primera y una tercera, exactamente dos meses después del inicio.

Haga trabajar a su imaginación

Ahora las tres «R» son bien visibles –en negro o en rojo– en su agenda. Durante los días designados, dedique algunos instantes a imaginar esta vida con menos estrés y más relajada a la que aspira. Observe muy concretamente las situaciones críticas que le gustaría gestionar con más equilibrio y calma. Observe también –con mucho detalle– las consecuencias positivas y agradables que probablemente tenga tal vida para usted. Relea de vez en cuando estas notas, y disfrute del lujo de hacer viajes imaginarios en un futuro sin estrés.

El indicador de las primeras semanas

El arranque será más fácil si escoge como primer ejercicio algo que le convenga y que le guste. En el capítulo siguiente «Su kit de arranque» (a partir de la página 36) –gracias a los tests y los programas para cada periodo de la jornada– usted podrá componer su «menú de relajación» personalizado y a su medida.

Concéntrese en esta primera secuencia de ejercicios que –a fuerza de repetición– llegará a formar parte integrante de su jornada. Transforme los sitios delante de los cuales pasa regularmente en pequeños apoyos de relajación. Un detalle, una letra, un signo: una «R» mayúscula (por RELAX) pegada en una puerta o sobre un folleto, una palabra que contenga la «x» de RELAX...

Podrá hacer sus ejercicios en cualquier lugar y en cualquier momento. Unos cuantos minutos bastan. Descubrirá rápidamente que su jornada contiene suficientes espacios libres y disponibles. Por tanto, no habrá la menor pérdida de tiempo. Si consigue incorporar a su jornada diez veces un minuto de relajación, será suficiente, sobre todo si añade, aquí y allá, algunos elementos básicos para interiorizarse.

Crear un hábito (de la 3ª a la 8ª semana)

Al principio de la tercera semana, estará suficientemente familiarizado con el ejercicio de arranque y, por tanto, podrá ampliar fácilmente su repertorio. El programa RELAX propone en esta etapa protocolos de relajación para 15 situaciones típicas que encontramos en la vida cotidiana. Puede seleccionar las que le conciernan más particularmente. Por otra parte, por medio de un test descubrirá en pocos minutos sus recursos y potenciales (a partir de la página 44) antes de elegir las dos variantes de ejercicios cotidianos correspondientes.

Sobre raíles (9ª semana y siguientes)

En esta etapa –paso de la segunda a la tercera fase– es el momento para detectar las «trampas de estrés» en las cuales cae más frecuentemente. Ahora puede escoger, dentro del programa global, los ejercicios específicos que le proporcionarán seguridad y equilibrio en estas situaciones críticas.

En lo sucesivo, cada principio de semana, es aconsejable enumerar aquellos factores de estrés que le esperan los próximos días, identificando las respuestas RELAX adecuadas. Sin embargo, a fin de optimizar la eficacia de su programa, no debería añadir más de un ejercicio nuevo por semana.

A fuerza de practicar regularmente, ya no necesitará verificar las diferentes concatenaciones o ejercicios agrupados; los sacará espontánea y naturalmente de su acervo de experiencias y de vivencias personales.

A sus puestos...

¡salgan!

Estudie los elementos básicos del programa

RELAX y componga –gracias a nuestro

cuestionario– su método personalizado de

relajación para las primeras semanas.

Después, ¡arranque! Gracias a esta base de datos

detecte sus recursos y potencialidades de

evolución personal, ¡y haga rumbo hacia una

relajación cotidiana y serena!

Su kit de arranque

¡Ya está! En su agenda figura la primera «R». Es el día D para su programa RELAX. Primer paso: dentro del conjunto de dispositivos de arranque escoja los primeros ejercicios que le corresponden. Esto es importante, ya que la relajación es una vivencia íntima e individual. Este capítulo presenta un test gracias al cual podrá determinar sus puntos fuertes y débiles. De este modo es fácil componer el prototipo RELAX de sus primeras semanas. Dentro del conjunto de variantes, encontrará fácilmente su combinación personal de ejercicios.

Para facilitar todavía más la detección de sus triunfos, hemos agregado un test complementario: las preguntas de las páginas 44/45 permiten identificar sus recursos y su potencial de evolución.

¿AUDITIVO, TÁCTIL O...?

¿Es usted una persona que tiene un verdadero diagrama en la cabeza cuando cierra los ojos? ¿O sus recuerdos se desencadenan al percibir ciertos olores? ¿O es más bien del tipo kinestésico? Sus respuestas darán las primeras indicaciones sobre su manera de funcionar y su modo de privilegiar a uno u otro de sus sentidos de percepción. ¿Capta más información por el sentido del tacto o por el de la vista y el oído? Podrá determinarlo rápidamente gracias al test siguiente.

¿CUÁL ES SU SENTIDO PRINCIPAL?

Escoja un momento de tranquilidad para reaccionar a las palabras propuestas. Es preferible que pida a alguien de su entorno que las lea en voz alta. Pero también puede pronunciarlas usted mismo. Deje surgir espontáneamente su reacción ante cada definición. Tomemos como ejemplo la palabra «bosque»: ¿se le acuden a la mente instantáneamente imágenes? Entonces encaja en la casilla del tipo «visual». ¿O escucha en su imaginación los trinos de los pájaros o el ruido de las hojas de un gran roble? Entonces, marque «auditivo», sin duda. ¿Siente insistentes olores de setas, el sabor de los frutos del bosque en su boca, o el viento en sus cabellos? La respuesta será «kinestésico». He aquí la lista:

Bosque – casa – lago – cama – coche – arena – invierno – campanas – árbol – lluvia – discoteca – Navidad – cascada – Alpes – primavera – sofá – tierra – sol – fuego –viento – cadena estéreo – vacaciones – madre – bistec – suelo

Kinestésico (saborear, sentir, tocar):

Visual (ver):

Auditivo (oír):

Sume y cuente cuál es la rúbrica en la que anota más puntos. Reflexione si el resultado se corresponde con sus observaciones personales.

Acaba de descubrir cuál es su sentido principal o más dominante. Ahora 15 minutos serán suficientes para organizar su recorrido personalizado de relajación. Escoja en cada uno de los módulos básicos una de las tres variantes propuestas. Después, anote sus resultados en el esquema de la página 43.

■ Meditar

Es aconsejable crear un ritual de arranque del proceso de relajación, es decir, una especie de reflejo condicionado. Determine cuál de los tres rituales siguientes prefiere. En lo sucesivo, funcionará como señal de partida para su programa de relajación personal.

Variante n° 1: agua

Su sentido del gusto está muy desarrollado. Tiene el hábito de beber algo con frecuencia. También le gusta comisquear entre comidas.

> Adquiera la costumbre de colocar cada mañana una botella de agua fresca en su mesa. El agua le hará pensar en desalterarse regularmente. Es preferible beberla a pequeños sorbos.

Variante n° 2: imágenes y signos

Nuestro pequeño test le ha indicado cuáles son las imágenes y los símbolos que mejor hacen funcionar su imaginación.

> Ponga en su mesa fotos, dibujos o imágenes que evoquen recuerdos agradables y que le pongan de buen humor. No olvide cambiarlos de vez en cuando.

Variante n° 3: un pequeño gesto

Para usted los pequeños gestos (eventualmente una señal sonora) son los que desencadenan más eficazmente los recuerdos. Por consiguiente, estarán muy indicados para su ritual de arranque.

> Este pequeño gesto puede ser algo muy personal: por ejemplo, chasquear los dedos o girar hacia arriba las palmas de las manos. O bien toser o espirar de manera muy sonora.

■ Respirar

Sentir su respiración

Antes de poder utilizar la respiración en su proceso de relajación, se trata de observar en qué parte de su cuerpo tiene la mejor sensación del movimiento de su aliento.

Variante n° 1: el vientre

> Ponga una mano sobre su vientre y observe tranquilamente la amplitud del movimiento provocado por la inspiración y la espiración. Dedique unos instantes a esta observación.

Variante n° 2: boca y nariz

> Ponga un dedo directamente debajo de su nariz y siga atentamente el movimiento del aire: ¿lo siente en el interior de las ventanas de la nariz o más bien sobre su dedo? ¿Cuál sensación es más fuerte? Registre los menores movimientos, por débiles que sean. ¿Puede ser que las aletas de su nariz se ensanchen incluso cuando no tenga intención de respirar profundamente?

Variante n° 3: pecho y hombros

> Concentre ahora la atención en su caja torácica, hasta las clavículas. Ponga la mano sobre la zona entre el cuello y el pecho para sentir los movimientos de su aliento. Siga el ritmo respiratorio en sus hombros que se elevan y se bajan.

Hacer visible su respiración

> Reaccione ante las tres descripciones siguientes. ¿Cuál de estas evocaciones desencadena en usted una relajación y le proporciona la grata impresión de seguridad?
> Cuando haya hecho su elección, esta imagen debería aparecer en su «pantalla mental» interna cada vez que se concentrase en el movimiento respiratorio en la región preferente de su cuerpo.

Variante n° 1: la playa

> Mirando al mar, imagine que una gran ola se acerca poderosa para, finalmente, morir suavemente en la playa delante de usted. Una imagen posiblemente típica en sus recuerdos de vacaciones a la orilla del mar. Entonces podría acompañar esta visualización con la sugerencia: «Mi vida sigue el ritmo de las olas de mi respiración –con las ondulaciones de mi propio aliento–».

Variante n° 2: la flor

> Deje surgir delante de su mirada interna una bella flor; un nenúfar, por ejemplo. Observe cómo se abren los pétalos –a cámara lenta– hasta la eclosión total. Luego, visualice el fenómeno en sentido inverso.

Variante nº 3: el águila

> Visualice un águila u otro pájaro que le sea más familiar. Su ojo interno puede admirar sus grandes alas desplegadas en un vuelo majestuoso. El águila se desliza armónicamente por el aire por encima de su cabeza.

3 Relajar

En este módulo, utilizamos el principio de la relajación muscular progresiva.

Relajar brazos y busto.

Usted contrae una zona del cuerpo y se sumerge en la relajación subsiguiente. Dedique el doble de tiempo para la relajación. Al mismo tiempo, observe cómo se adapta su respiración a este proceso de contracción-relajación. Practique los tres ejercicios y descubra cuál le proporciona la mejor relajación.

Variante n° 1: las manos

❯ Apriete los puños y doble un poco las muñecas para aumentar la tensión en los antebrazos. Después, inspire y aumente algo más la presión de los puños –cuente hasta cinco– y espire aflojando bastante bruscamente las manos. Registre la vivencia de sus manos abiertas y totalmente relajadas. Concédase unos instantes para adquirir conciencia de

esta relajación y experimente la grata sensación de haber suavizado algo.

Variante n° 2: los brazos y el busto

❯ Con las manos delante del pecho, entrecruce los dedos para estirar fuertemente los antebrazos (ver foto). Mantenga esta contracción durante unos cuatro segundos. Afloje y deje que la relajación afecte a sus brazos…

Variante n° 3: el vientre

❯ Durante tres segundos, contraiga fuertemente los músculos de su vientre. Después, si es posible, aumente aún más esta contracción, antes de aflojar todos los músculos de esta zona de una vez y totalmente. Durante algunos segundos, sea consciente de la profunda relajación de su vientre. Registre bien la relajación.

4 Estirar

La vida moderna hace que la mayoría de nosotros casi no utilice ciertos grupos de músculos que, a fuerza de permanecer inactivos, se anquilosan hasta llegar a atrofiarse. Entre esos músculos figuran los de la nuca, de la caja torácica, de la parte baja de la espalda, así como de los muslos y de las pantorrillas. Dada la fuerte interacción entre cuerpo y espíritu, se corre el riesgo de que estos síntomas corporales influyan negativamente sobre nuestro psiquismo. Escuchándose a sí mismo, procure sentir qué parte de su cuerpo necesita ser estirada más urgentemente.

Variante n° 1: las manos

❯ Eleve los brazos delante del pecho, con las manos mirándose, separadas la anchura de su cabeza. Los dedos están extendidos y ligeramente curvados.

❯ Ahora estire los dedos y sepárelos al máximo. Estire al mismo tiempo las palmas de las manos. Mantenga la tensión unos cuatro segundos, y después afloje. Observe su respiración y la relajación.

Variante n° 2: brazos y busto

❯ Estire los brazos por encima de su cabeza, en la prolongación de los hombros. Llévelos lentamente hacia atrás hasta sentir bien este estiramiento en el pecho. Permanezca así unos instantes. Afloje.

❯ Repita tres veces observando su respiración.

Variante n° 3: alargamiento del cuerpo

❯ De pie, concentre su atención en el vientre. Poco a poco, esta concentración afecta cada vez más profundamente a toda la pelvis.

❯ Empuje la pelvis hacia delante, la parte baja de la espalda se ahonda y todo su cuerpo se estira hacia arriba. Refuerce este estiramiento extendiendo las piernas –sobre la punta de los pies, si es posible–. Siéntase suspendido de un hilo como una marioneta.

5 Sentir

Este módulo le permitirá aumentar su receptividad –incluso en el curso de una jornada de gran actividad– con estímulos reconfortantes y agradables. Elija el ejercicio según su «prototipo sensorial» (página 37).

Variante n° 1: «sentir – saborear – tocar»

❯ Preste atención a percepciones débiles en su entorno próximo. Por ejemplo, sus vestidos: ¿Cuáles son aquéllos cuya presencia siente con más o menos intensidad? ¿Cómo calificar esta sensación? ¿Lleva vestidos que abriguen y que sean agradables al tacto?

❯ ¿En qué lugares siente la presencia del aire que le rodea? Procure ser consciente de que su cuerpo está totalmente rodeado por aire.

❯ Acaricie con la punta de los dedos una zona de su cuerpo. ¿Qué sensación tiene de su piel? Permanezca atento a esta sensación durante unos instantes.

❯ Aspire el olor de su piel, de una flor o de cualquier otro objeto de aroma agradable. O bien, concéntrese en la degustación de un alimento que le atraiga. Acoja las sensaciones.

Variante n° 2: tipo «ver»

❯ Descubra los pequeños detalles de su entorno inmediato, tales como las aguas en la madera de un mueble, la estructura de una pared, el motivo de un tejido.

Conciencia de los detalles y sonidos ligeros.

> Adquiera conciencia de un matiz interesante o de un contraste entre colores. Registre atentamente la relación entre colores y formas.

> Delante de su ventana, mire durante unos instantes algo que le proporcione sensación de espacio y de serenidad. Luego deje que su mirada se pierda en el infinito…

> Mírese atentamente las manos: siga con la mirada las líneas de las dos palmas. Sea consciente de su carácter único.

Variante n° 3: tipo «oír»

> Cuando camine por la calle o pasee por un parque o un prado, preste más atención a los pequeños ruidos de su alrededor: el murmullo de las hojas, los dulces trinos de un pájaro, el crujido de la arena bajo sus pasos…

> Sea receptivo a los sonidos que le rodean en su puesto de trabajo. Abra la ventana y procure distinguir entre los ruidos que hacen las personas y los de la naturaleza (lluvia, viento, etc.).

6 Automotivarse

Es aconsejable terminar cada módulo de RELAX con una sugerencia para reactivar su motivación en el camino de la relajación. Para ello, escoja una frase que le parezca que se corresponde especialmente con usted. Deje que el impacto de las afirmaciones actúe plenamente pronunciando cada una de ellas varias veces y en voz alta.

> En lo sucesivo, concluya cada ejercicio pronunciando la sugerencia escogida en voz alta. Deje que le motive durante unos instantes.

«Mi respiración me tranquiliza»

«La respiración produce calma»

«Mi respiración me tonifica»

«Estoy en el buen camino»

«Lo estoy logrando, paso a paso»

«Una jornada llena de satisfacciones»

«El mundo está lleno de colores y yo estoy en medio»

«Una jornada que me motiva»

«Me encanta estar activo»

«Los demás aprecian mi trabajo –y yo también–»

«De nuevo me espera un buen día».

Tabla de recapitulación de los módulos

Ya está. Usted ha escogido sus diferentes elementos y módulos de relajación. Recapitule tranquilamente una vez más las etapas y las concatenaciones gracias a la tabla siguiente. Verifique si su programa personal incluye un elemento de cada categoría.

Arranque con RELAX y...

Con su plan como apoyo, practique los ejercicios elegidos sin hacer pausas largas. Preferentemente, repita el conjunto una vez más.

...logre integrarlo en su jornada

A partir de ahora, practicará su programa varias veces al día. Es bueno fijar más o menos los momentos propicios para sus ejercicios: ¿quizá desde el momento de levantarse? Una buena dosis de RELAX al despertarse será particularmente eficaz. Incluso si solamente hace algunos elementos, debido a que le falte tiempo.

DETERMINE SU PROTOTIPO DE RELAX

1 Meditar	Beber agua	Visualizar imágenes	Pequeños gestos
2 Respirar			
Sentir el aliento	El vientre	La nariz	Pecho y hombros
Visualizar el aliento	La ola	Los nenúfares	El águila
3 Relajar	Las manos	Pecho y brazos	El vientre
4 Estirar	Las manos	Pecho y brazos	Alargar el cuerpo
5 Sentir	Tocar – sentir Saborear	Ver algo	Oír algo
6 Automotivarse	Su sugerencia personalizada		

LOS PUNTOS DE ANCLAJE DE SU RELAJACIÓN

Este test contiene las 15 etapas que le acompañan a lo largo de toda la jornada. Procure identificar dónde y cuándo se manifiestan exactamente sus puntos fuertes y débiles. Esto es doblemente interesante, ya que así conocerá al mismo tiempo los puntos clave para su gestión del estrés.

Para responder a las cuestiones planteadas, seleccione simplemente una de sus jornadas habituales y sitúese espontáneamente sobre el tensiómetro. Unos ejemplos concretos en cada categoría le facilitarán las respuestas:
1 para muy relajado, 10 para extremadamente tenso y 5 para la posición mediana.

Al empezar el día

1. Cuando me levanto...
...me alegra la perspectiva de las tareas
a realizar (1)
...preocupaciones y alegría casi se equilibran (5)
...mis problemas me trastornan
y me paralizan (10)
1 | 2 | 3 | 4 | 5 | 6 | 7 | 8 | 9 | 10

2. Una vez de pie, me siento...
...relajado y contento ante la jornada que
comienza (1)
...en parte relajado y en parte tenso (5)
...muy tenso y agitado (10)
1 | 2 | 3 | 4 | 5 | 6 | 7 | 8 | 9 | 10

3. Al llegar a mi lugar de trabajo...
...estoy de buen humor y hay pequeños detalles
que me gustan (1)
...siento cierta indolencia (5)
...mi corazón está inquieto porque todas mis
preocupaciones se agitan en mi mente (10)
1 | 2 | 3 | 4 | 5 | 6 | 7 | 8 | 9 | 10

❯ **Número de puntos**

En el curso de la jornada de trabajo

4. Después de algunas horas de trabajo sin pausa...
...estoy perfectamente concentrado
y motivado (1)
...mi capacidad se ve afectada por altibajos (5)
...me veo obligado a hacer esfuerzos y espero
con impaciencia el final de la jornada (10)
1 | 2 | 3 | 4 | 5 | 6 | 7 | 8 | 9 | 10

5. Cuando un problema difícil sucede a otro...
...veo la jornada como un desafío que me
encanta afrontar (1)
...eso me pone un poco nervioso (5)
...me siento totalmente agotado (10)
1 | 2 | 3 | 4 | 5 | 6 | 7 | 8 | 9 | 10

6. Poco antes de finalizar la jornada de trabajo...
...me siento siempre en plena forma (1)
...debo hacer un esfuerzo para trabajar (5)
...me siento agotado y temo no poder
aguantar (10)
1 | 2 | 3 | 4 | 5 | 6 | 7 | 8 | 9 | 10

❯ **Número de puntos**

Pausas o interrupciones

7. Cuando termino un trabajo y paso a otro...

...aprovecho la ocasión para relajarme, por ejemplo, dando algunos pasos (1)

...aprovecho para respirar un poco (5)

...me siento presa del estrés de toda mi jornada (10)

1 | 2 | 3 | 4 | 5 | 6 | 7 | 8 | 9 | 10

8. Cuando hago cola para algo...

...aprovecho la ocasión para interiorizarme un poco (1)

...me domina la impaciencia al cabo de un momento (5)

...agitado, cambio de cola para tratar de llegar antes (10)

1 | 2 | 3 | 4 | 5 | 6 | 7 | 8 | 9 | 10

9. Durante pausas forzadas...

...acepto la interrupción y la utilizo para restablecer contacto conmigo mismo y con sensaciones agradables a mi alrededor (1)

...me vence el nerviosismo, especialmente si eso significa un retraso (5)

...no soporto deber esperar así (10)

1 | 2 | 3 | 4 | 5 | 6 | 7 | 8 | 9 | 10

> **Número de puntos**

Pausa y camino de regreso

10. La pausa del desayuno...

...estoy perfectamente concentrado y motivado (1)

...me permite recargar mis baterías (1)

...me proporciona un poco de relajación (5)

...no me es de utilidad alguna para regenerar mis fuerzas (10)

1 | 2 | 3 | 4 | 5 | 6 | 7 | 8 | 9 | 10

11. Cuando se ha terminado una parte del trabajo, de manera satisfactoria...

...me siento motivado gracias a este éxito (1)

...apunto que he cumplido algo (5)

...ni siquiera me doy cuenta (10)

1 | 2 | 3 | 4 | 5 | 6 | 7 | 8 | 9 | 10

12. Al volver a casa...

...tengo fácilmente perspectiva para poner manos a la obra (1)

...me alegro ante la velada en perspectiva, a pesar de estar aún algo tenso (5)

...me siento totalmente estresado (10)

1 | 2 | 3 | 4 | 5 | 6 | 7 | 8 | 9 | 10

> **Número de puntos**

Durante el resto de la velada

13. La velada...

...me permite recuperar mis recursos perfectamente (1)

...me permite solamente una verdadera relajación parcial (5)

...para mí es casi tan fatigosa como mi jornada de trabajo (10)

1 | 2 | 3 | 4 | 5 | 6 | 7 | 8 | 9 | 10

14. Justo antes de acostarme...

...estoy completamente relajado (1)

...en realidad no estoy tranquilo interiormente (5)

...me cuesta salir de mi estado de tensión (10)

1 | 2 | 3 | 4 | 5 | 6 | 7 | 8 | 9 | 10

15. Adormecimiento y sueño...

...no me plantean el menor problema (1)

...no son siempre evidentes (5)

...me perturban, pues me cuesta conciliar el sueño y dormir de un tirón (10)

1 | 2 | 3 | 4 | 5 | 6 | 7 | 8 | 9 | 10

> **Número de puntos**

EVALUACIÓN DEL TEST RELAX

SUME TODOS SUS PUNTOS

A fin de pasar a la evaluación de su test, sume todos sus puntos para componer su programa óptimo y personalizado.

De 15 a 51 puntos: Está más relajado que la media de personas. Consigue mantener su equilibrio en la mayoría de situaciones. Gracias a las experiencias propuestas por RELAX, podrá aumentar aún más eficazmente su capacidad de relajación y su alegría de vivir.

De 52 a 86 puntos: Consigue gestionar poco más o menos el estrés de su vida cotidiana y su capacidad de relajación se sitúa en una media correcta. Nuestro método le ayudará a optimizar su capacidad para dominar cualquier estrés.

De 87 a 150 puntos: Tiene muchas dificultades con la gestión de las situaciones de estrés de su vida. El programa RELAX es perfecto para proporcionarle equilibrio y relajación.

ANÁLISIS DE LAS FRANJAS HORARIAS

Compare ahora el número de puntos que ha obtenido en cada una de las cinco fracciones diferentes de su jornada. Es urgente que aprenda a relajarse en aquella franja horaria en la que haya sumado más puntos. Si en dos momentos diferentes de la jornada ha obtenido el mismo número de puntos, confíe en su intuición para comprender dónde sufre más estrés. Al mismo tiempo, es exactamente ahí donde posee su mayor potencial de evolución.

Sin embargo, para aumentar también sus puntos fuertes, practique los ejercicios de la categoría donde haya sumado menos puntos. Le serán particularmente fáciles, y sostendrán eficazmente sus esfuerzos en el camino hacia una vida más serena.

RUMBO HACIA EL ÉXITO

A cada pregunta de nuestro test corresponde un ejercicio específico (páginas 48 a 77). Para facilitarle las cosas, ejercicios y preguntas llevan el mismo número. Si ha dedicado las dos primeras semanas a los ejercicios básicos, concentre la práctica de las dos semanas siguientes en un ejercicio concerniente a las oportunidades de evolución y a su potencial de recursos. Cuando compruebe que ha obtenido cierto éxito, o sea, la relajación, podrá añadir nuevos ejercicios del capítulo «evolución y recursos».

Sus puntos de anclaje

Al despertarse por la mañana, dispone de un capital de aproximadamente un millar de minutos antes de que finalice la jornada. ¿Por qué no utilizar algunos de ellos para crear «islotes de relajación» en la rutina de su vida cotidiana?

Es legítimo pensar en sí mismo y cuidarse. Los 15 módulos de las páginas siguientes le ofrecen soluciones adecuadas para las diferentes situaciones de estrés de la jornada. Si en cada ocasión no dispone del tiempo necesario para recorrer todas las etapas, no se preocupe. Sencillamente, escoja algunos elementos, lo cual ya disminuirá su estrés.

Por otra parte, no se centre demasiado en los detalles de su programa y practique los diferentes ejercicios como si fueran un juego. Para comenzar, respáldese cómodamente durante la lectura de este capítulo. Sin duda le vendrán ganas de ensayar acto seguido uno u otro ejercicio. Puede proceder así perfectamente –a pequeñas dosis– a fin de integrar agradablemente estas pequeñas concatenaciones en su vida cotidiana. No tardará en cosechar los primeros frutos.

Sentirse fresco y dispuesto al despertar: ¡un sueño! Con RELAX, llegará a ser su realidad.

Despertarse en plena forma (1)

¿Conoce esa sensación de despertarse lentamente y sentir voluptuosamente un bienestar profundo?

He aquí el modo de empleo para que sea así para usted, incluso por la mañana de una jornada difícil en perspectiva. Presentamos algunos ejercicios de RELAX para un arranque óptimo y relajado.

1 Regular la relajación

> Mientras se levanta lentamente, diga interiormente: «éste es el principio de una buena jornada».

2 Despertar respiratorio

> Apenas despierto, observe atentamente de qué manera el movimiento de su respiración atraviesa y mueve las diferentes partes de su cuerpo. Salude a su aliento como a un buen amigo que le acompañará a todo lo largo de esta nueva jornada.

> Ahora abra suavemente los párpados. A partir del momento en que perciba los primeros rayos de luz –natural o artificial– procure que la luminosidad no le deslumbre. Imagine que la luz le da suaves besos para despertarle. Si lo desea, frótese suavemente los ojos.

> Cree la imagen interior del sol elevándose lentamente por el horizonte.
> Levante suavemente un brazo e imagine que de sus dedos surgen rayos de luz que iluminan toda su habitación. Siga mentalmente la propagación de esta claridad y –siempre de modo imaginario– respire los rayos solares.

3 Despertar musculoso

> Acostado sobre la espalda, doble las rodillas y acerque los pies a las nalgas.
> Concéntrese en la pelvis. Eleve lentamente las nalgas, tanto como pueda hacerlo cómodamente. Sienta al mismo tiempo el estiramiento de los músculos de sus muslos.
> Mantenga esta posición durante unos tres segundos, y luego espire fuertemente dejándose caer.
> Utilice de nuevo su visualización del sol que se eleva por el horizonte, e imagine ahora que le imita elevando la pelvis.
> Repita dos veces.

4 Primeros estiramientos

Estos estiramientos aumentan y refuerzan nuestro reflejo natural de estirar el cuerpo después del descanso nocturno.
> Extienda brazos y piernas todo lo posible y tómese tiempo para estirarlos voluptuosamente.
> Airee, si es posible, su cuerpo al máximo (aparte las sábanas y quítese el pijama) y observe atentamente: cuando el aire acaricia la piel, tiene la impresión de que algo se abre en usted.

5 Placer matinal

> Dirija ahora su consciencia a cosas agradables de su entorno.
> Mire a su alrededor: ¿hay cerca de su cama perspectivas u objetos que le gusta contemplar?
> ¿Dónde oye sonidos placenteros? Imagine que los pájaros sólo cantan para usted. ¿Acaso le gustaría canturrear algo?
> Sea consciente de que una parte de su cuerpo parece más dinámica y más flexible que las otras. Ponga la mano y sienta la flexibilidad dinámica de su cuerpo.

6 Autoanimación

> Escoja una sugerencia que funcionará desde su despertar como punto de arranque para una jornada dinámica y alegre:

«He aquí una jornada hecha para mí»

«Hoy seré amable conmigo mismo»

«¡Una jornada llena de posibilidades!»

«Mi potencial es ilimitado»

> Escoja una de estas afirmaciones como leitmotiv para la jornada que acaba de comenzar. También es aconsejable escribir esta frase en una tarjeta, la cual puede acompañarle un poco por todas partes a lo largo de su jornada.

Una vez levantado... (2)

¿Cómo se presenta la primera media hora de su jornada? ¿Tiene tendencia a pensar en el deber o en las satisfacciones? He aquí algunas ideas para dar los primeros pasos.

1 Tocar de pies a tierra

> Mientras aún esté sentado en el borde de su cama, dedique unos instantes a entrar en contacto con el suelo bajo sus pies y diga mentalmente: «Entro en esta nueva jornada tocando de pies a tierra».

2 Despierte su aliento

> Piense en un gato que se desespereza de una larga siesta. Permítase bostezar tanto como quiera, y observe al mismo tiempo qué parte de su cuerpo experimenta la necesidad de estirarse.

> Abra la ventana, a condición de que la temperatura sea agradable para usted. Sea consciente de la inmensidad del cielo y saboree el placer de inspirar profundamente el aire puro de la mañana.

> Piense en las posibilidades que presenta esta nueva jornada. Abra los brazos de par en par e invítela a entrar en su vida. Después, permanezca unos instantes delante de la ventana abierta y –con una mano en la parte alta del pecho– siga los movimientos de su respiración.

IMPORTANTE !

RELAX-EXTRA

Inmediatamente después de levantarse, dedique unos minutos a jugar con las plantas de sus pies. Sienta el placer de masajearlas delicadamente. Pase suavemente sus palmas varias veces por debajo del pie. Después ejerza una buena presión en el centro de la planta. Haga lo mismo con el otro pie. Luego camine descalzo por la habitación y observe las sensaciones provocadas por el contacto con el suelo.

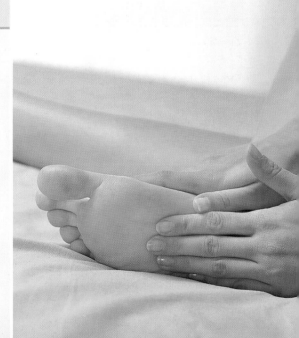

3 Juegos musculosos

> Mire su cuerpo. Escoja una zona y ejerza una fuerte contracción, y después afloje de golpe.

> Muévase un poco para relajarse. Con algunos movimientos dirigidos, adquiera conciencia de la flexibilidad de ciertas partes de su cuerpo.

4 Estírese como un gato

> Haga como un gato o un perro: estírese en todos los sentidos y tanto como quiera. De pie, con los brazos por encima de la cabeza, estire el cuerpo, una y otra vez, apoyándose sobre la punta de los pies, con las manos y los dedos extendidos verticalmente.

> Después, con los brazos siempre elevados, cruce los dedos y gire las palmas hacia el techo. Nuevo estiramiento.

> Escúchese a sí mismo: ¿acaso tiene deseos de masajearse la cara, el cuello y la nuca?

5 Tome el fresco

> Al vestirse, perciba las diferentes sensaciones de frescor; la ropa lavada o planchada hace poco, por ejemplo. Acaricie un vestido suave, agradable al tacto. Sienta detalladamente el contacto con la pana, el cuero o la seda.

> En la sala de baño disfrute del placer del primer contacto con el agua fría y tónica sobre su rostro.

> **¿Cómo relajarme si estoy obligado a levantarme muy pronto y sólo tengo un deseo: dormir más?**

Es importante subrayar que con el programa RELAX no se trata de añadir algo nuevo a su vida, sino de vivir las cosas de modo diferente: conscientemente y con placer. No se someta a presión intentando seguir todos los consejos al pie de la letra y practicando todos los ejercicios. Escoja unos cuantos y deje que se integren armónicamente en su vida.

> Bajo la ducha, concentre su atención en la sensación que produce el agua agradablemente tibia sobre su piel. Y cuando tome un baño, huela con satisfacción los diferentes perfumes y olores agradables. Igualmente, sea consciente del gusto que deja su dentífrico en la boca.

> Sea como su gato que no deja pasar una ocasión de sentirse bien, y de saborear las cosas buenas de la vida.

6 Autosugerencia

> Después de una experiencia o una sensación agradable, repita mentalmente, con convicción: «La jornada de hoy podrá ser muy satisfactoria» o bien «hoy descubriré las maravillas de mi vida cotidiana».

INFORMACIÓN

51

Manos a la obra (3)

¿Considera que el trayecto entre su domicilio y su lugar de trabajo implica una pérdida de tiempo? Si éste es el caso, procure transformar este lapso de tiempo en un momento excepcional abriéndose a nuevas sensaciones, en lugar de rumiar eventuales problemas.

1 Equilibrio dinámico

> Al salir de casa, repita mentalmente varias veces: «Siento una fuerza tranquila para emprender bien mis actividades».

2 En un prado verde

> Por el camino, observe el ritmo de su respiración. Después, imagine que camina por un prado; la hierba es bastante alta y sus pasos trazan un surco por este tapiz verde.

> De nuevo, sea consciente de la amplitud y del espacio que adquiere su respiración en su cuerpo. ¿Cambia su ritmo cuando se acerca a su lugar de trabajo?

> Por el camino, si tiene que hacer una parada –en un semáforo, por ejemplo– sea consciente del modo en que el aire penetra por sus aletas nasales. ¿Acaso una es más libre y más permeable que la otra?

> Si su parada debe prolongarse, aproveche nuestros consejos específicos concernientes a la espera (páginas 62/63).

3 Active sus músculos

Por el camino hacia su lugar de trabajo, aproveche la ocasión para equilibrar la relación contracción-relajación de su cuerpo.

> Así, concéntrese varias veces sobre una zona concreta y sométala a tensión. Párese en el camino para contraer y estirar fuertemente las piernas.

> Mantenga esta tensión tres segundos, antes de reanudar la marcha.

4 Movilización de los hombros

Prolongue todavía un poco sus estiramientos matinales movilizando sus hombros ante el volante o andando.

> Estire los hombros en todos sentidos: al lado, hacia delante, hacia atrás, y después hacia arriba y hacia abajo.

INFORMACIÓN

RELAX-EXTRA

Cuide las personas con las que se encuentre por la mañana.
¿Se cruzan una mirada amistosa, se estrechan la mano, o tienen algún otro tipo de contacto corporal agradable?
Disfrute de esa sensación.

> Trace tres círculos con los hombros; tres hacia delante y tres hacia atrás. Notará que este movimiento también aumenta la movilidad de la cabeza.

> Ahora gire el tronco como si quisiera mirar lejos hacia atrás. A derecha y a izquierda. Es preciso que el movimiento sea agradable.

> Otro pequeño ejercicio: al andar sea consciente del desplazamiento de su peso. Juegue con esto y sienta el efecto de estas tensiones y relajaciones a nivel de sus pies.

Una vez llegado a su destino, le será muy beneficioso un estiramiento de los costados en la posición de pie.

> De pie, con piernas separadas, doble lentamente la pierna izquierda. Esto modifica su centro de gravedad; la pierna derecha sigue extendida, con la planta del pie bien apoyada en el suelo. Sienta la tensión de los músculos en el interior del muslo.

> Ahora haga lo mismo con la pierna derecha, sin cambiar los pies de lugar. Observe la tensión de la otra pierna. Después, sea consciente del suelo bajo sus pies –ese lugar donde va a pasar las próximas horas–.

5 Instantes de placer

En realidad, cada instante de su vida le ofrece la oportunidad de vivir intensamente el momento presente. Observe atentamente las cosas que jalonan su trayecto. Verifique sus diferentes sentidos:

> ¿Acaso descubre macizos de flores o pasa por delante de un árbol magnífico?

> ¿Ve colores o formas particularmente interesantes?

> ¿Percibe un soplo tibio en el aire ambiente o sonidos interesantes (cantos de los pájaros, susurros de las hojas, etc.)?

6 Una buena motivación

> Proponga la afirmación siguiente: «Aun cuando hoy no me transporten millares de mariposas, sigue siendo posible la ligereza de un batir de alas». Por tanto, la divisa del día podría ser: «Me espera una jornada fantástica».

PREGUNTAS FRECUENTES

> Trabajo en mi domicilio y, por tanto, de algún modo, paso sin transición mi jornada laboral. ¿Cómo hallar una pausa o una pasarela?

En efecto, es primordial que sea consciente del paso de un estado al otro: de su tiempo privado al tiempo del trabajo. La mayoría de las veces, basta con dar algunos pasos fuera antes de comenzar su jornada de trabajo.

INFORMACIÓN

Entrenamiento de la resistencia (4)

Cualquier persona que trabaje durante horas sin concederse la menor pausa vivirá la experiencia de que, inevitablemente, en un momento dado, su concentración bajará, lo cual es un fenómeno perfectamente normal. Sin embargo, es posible prevenir estas caídas de tono programando un minuto de RELAX casi cada hora.

1 «Islotes de relajación»

> Más tarde, cuando aparecen los nervios y la falta de concentración, es necesario recordar: «¡Es el momento de utilizar los recursos!».

2 ¡Buen viento!

> Concéntrese en su respiración, y después imagínese un barco que navega con las velas hinchadas por el viento. Tanto si está dentro del velero como si lo observa desde lejos.

> Coloque las palmas de las manos planas sobre la zona de las clavículas y vaya bajándolas lentamente hasta el vientre.

> Repita este descenso cinco veces. ¿De qué manera se adapta este movimiento a su ritmo respiratorio? ¿Qué es lo que cambia? ¿Tiene un buen contacto con su respiración?

3 ¡Sacúdase!

> Cruce las manos detrás de la nuca y separe los codos al máximo. Al mismo tiempo incline el tronco hacia atrás, manteniendo esta contracción durante casi tres segundos.

> Espire suavemente y afloje progresivamente los brazos y el torso. ¿Cuáles son las partes del cuerpo más relajadas

---

IMPORTANTE

RELAX-EXTRA PARA LA RESISTENCIA

Incluso aquellas horas de trabajo que parecen monótonas e interminables ofrecen pequeñas encrucijadas que pueden utilizarse como breve pausa para la relajación.

> Cuando suene el teléfono, espere unos instantes antes de contestar. Aproveche este tiempo para respirar profunda y conscientemente.

> Cuando un proceso informático requiera un poco de tiempo, cambie de posición. Lo mejor sería ponerse de pie o quizá dar algunos pasos antes de volverse a sentar.

y cuáles permanecen todavía crispadas? Si es necesario, repita la secuencia.

> Complete el ejercicio sacudiéndose, para hacer caer literalmente su estrés. En primer lugar, agite fuertemente los brazos, y después las manos, al mismo tiempo que visualiza cómo las perturbaciones y las preocupaciones abandonan su cuerpo por la punta de los dedos.

> Refuerce la eficacia de las sacudidas por medio de espiraciones potentes y audibles. Quizás entonces se desencadenen suspiros y bostezos sonoros.

> Si todavía le queda estrés por descargar, continúe las sacudidas. Sacuda dinámicamente las piernas; comenzando por los muslos y los gemelos para terminar por los pies.

Se trata de relajarse eficazmente: a la contracción mantenida durante tres segundos le sigue la relajación total acompañada de una espiración. Sacudir los brazos completa la acción.

4 ¡Engrandézcase!

> Eleve los dos brazos al cielo y siga atentamente el trayecto que va del vientre a la punta de los dedos.

> Después, con una mano agarre la muñeca de la otra y ejerza una tracción máxima hacia arriba. El brazo estirado queda totalmente pasivo. Preste atención al estiramiento en el brazo, el torso y el costado.

> Cambie de lado y repita el movimiento.

5 Pequeños recreos

> Tómese algunos segundos de reflexión: ¿Qué ha vivido hoy de positivo sin prestar atención realmente? ¿La sonrisa de un niño, el resplandor del sol o un sabor agradable en la lengua?

> Con la imaginación, trate de revivir estas sensaciones e impresiones, recurriendo a un máximo de percepciones sensoriales (gusto, tacto, etc.).

6 Ninguna jornada sin sol

> En el curso de su jornada de trabajo, verifique regularmente y con convicción: «el que esta jornada sea fantástica depende sobre todo de mí mismo» y «me corresponde apartar lo que me molesta».

55

Las sensaciones olfativas tienen un efecto relajante.

Una dificultad más pronto o más tarde (5)

En nuestros días todo debe ir siempre muy deprisa, y las cosas se suceden sin cesar: apenas se ha terminado una tarea, ya nos espera acuciante el problema siguiente. También es indispensable sacar nuevas fuerzas durante el intervalo entre dos solicitaciones.

1 Encontrarse consigo mismo

> Antes de emprender la tarea siguiente, recupere el contacto consigo mismo diciendo: «tengo conciencia de mí mismo y de mi respiración».

2 ¡Respire!

> Tómese todo el tiempo necesario para una espiración completa y profunda. Imagínese un balón que rueda tranquilamente por un prado (su espiración), hasta pararse (retención de la respiración), y después se pone de nuevo en movimiento (nueva inspiración).

> Con los dedos separados, coloque las manos sobre las caderas. Haga varias veces un movimiento horizontal hacia delante y hacia atrás –como para serrar– de modo que sus dedos se toquen casi a la altura del vientre. ¿Cómo reacciona su respiración?

3 ¡Abajo las tensiones!

Con sacudidas repetidas, expulse las tensiones acumuladas en su cuerpo durante las horas de trabajo.

> Derecho, con los pies separados, encuentre una posición firme.

> Impulsándose con el vientre, gire el torso bastante lejos hacia atrás, primero a la derecha y luego a la izquierda. Los brazos permanecen pasivos y siguen libremente el movimiento. Relaje ligeramente las rodillas.

4 Tensiones escogidas

> De pie, eleve los brazos hasta la vertical por encima de su cabeza y estire todo su cuerpo. Manteniendo la espalda bien recta, deje que bajen los brazos y el torso, hasta tocar el suelo con los dedos. Permanezca inclinado unos instantes; el torso y la cabeza caen libremente.

> Vuelva muy lentamente, vértebra a vértebra, hasta la vertical. La cabeza permanece pasiva. Después, extienda de nuevo los brazos hacia el cielo.

> Siempre derecho, con los pies bien separados, ponga las manos sobre las caderas. Empuje al mismo tiempo la pelvis hacia delante y los hombros hacia atrás. Su cuerpo ha de formar un arco tenso. Importante: la cabeza debe permanecer en la prolongación de la columna vertebral.

> Sienta que está muy tenso, como un arco a punto de disparar la flecha muy lejos. Perciba bien esta tensión y emprenda así el trabajo que le espera.

5 ¡Tenga olfato!

¿Sabía que nuestro sentido del olfato es el que conserva más fielmente los recuerdos en la memoria? Si percibe un olor que le recuerda vagamente algo, no deje que se desvanezca, sino que ha de procurar precisar el recuerdo.

> Huela atentamente para determinar los olores contenidos en el aire ambiente: ¿hay todavía aire fresco o sería el momento de ventilar un poco?

> ¿Ha visto en su entorno una flor cuyo aroma aún no ha olido?

> ¿Hay cerca de usted algo que emane un aroma agradable? Por ejemplo, frutas o aceites esenciales, cremas, dulces o perfumes?

> Aspire el olor que le atrae, y sienta cómo penetra por sus fosas nasales. Déjese impregnar por el mismo y haga como si pudiera guardarlo en la nariz.

6 Estar preparado

> Complete esta breve pausa de relajación con las palabras siguientes: «Siento un vigor grato y estoy preparado para todo lo que me aporten las próximas horas».

RELAX-EXTRA: BARRER EL ESTRÉS

¿Tiene la impresión de que el estrés no quiere abandonarle?

> Arremánguese. Con los dedos de la mano izquierda, pase lentamente por el interior del antebrazo derecho, desde el codo hasta la muñeca, y después sobre la palma y la punta de los dedos.

> Sacuda dinámicamente la mano derecha, imaginando que hace caer alguna cosa. Repita hasta que sienta un verdadero alivio.

> De nuevo, pase lentamente con la punta de los dedos de la mano izquierda por el exterior del antebrazo derecho, pero esta vez en sentido contrario, partiendo del extremo de los dedos hasta el codo. Imagine al mismo tiempo que una fuerza penetra en su brazo derecho.

> Proceda después de la misma manera por el otro lado. Repita hasta que se sienta con suficientes recursos.

!

IMPORTANTE

El último viraje (6)

Precisamente hacia el final de la jornada laboral algunos de nosotros tenemos más dificultades para aguantar. Nos gustaría que acabase de una vez… He aquí algunos elementos de refuerzo:

1 Ponerse de acuerdo

> Diga para sí mismo, con cierta insistencia: «Reunir sus fuerzas es agradable».

2 Al nadar

> Imagine que nada en las aguas cristalinas de un lago de montaña. Da unas brazadas alegremente y al mismo tiempo respira lenta y profundamente.

> Después cruce las manos por detrás de la nuca. Los codos apuntan hacia delante.

> Empuje los codos separados todo lo posible hacia los costados, creando una tensión perceptible en las axilas. Permanezca así unos instantes antes de relajar los codos y apuntarlos de nuevo hacia delante. Repita cinco veces.

> El movimiento puede vivirse como el batir de alas de un pájaro. Observe el ritmo de su respiración: ¿En qué parte de su cuerpo percibe más nítidamente su respiración?

3 ¡Déjelo!

> Imagine que lleva un saco muy pesado a la espalda. A fin de soportar mejor la carga, tense bien los músculos de los hombros empujándolos hacia delante y hacia abajo. Al mismo tiempo, piense en los problemas en los que ha tenido que ocuparse en el curso de esta jornada.

INFORMACIÓN

PREGUNTAS FRECUENTES

> **¿Cuántas veces es necesario repetir un ejercicio?**

Si no se indica otra cosa, es suficiente realizarlo una sola vez. Pero si no obtiene el efecto deseado, puede perfectamente repetirlo una o dos veces.

> **Cuando trabajo de manera continua, me olvido de RELAX. ¿Qué puedo hacer para acordarme?**

Cuando cambia de posición corporal, o cuando bosteza o suspira, su cuerpo rememora sus buenos recuerdos. Pero también puede crear en su entorno pequeños recordatorios visuales que le inviten a una pausa relajante (flores, agua, colores, notas escritas, etc.).

Si está obligado a trabajar durante mucho tiempo de manera intensa, recurra a las pequeñas recetas RELAX para solucionar lo más urgente:

> Profundice en la percepción de sus movimientos respiratorios estableciendo contacto con las palmas.

> Para rechazar muy rápidamente un estrés tenaz, ejecute equilibrios y sacudidas muy dinámicas (ver página 56).

> Estire su torso en todas direcciones.

> Tenga siempre en su lugar de trabajo pequeños detalles agradables, como por ejemplo agua fresca.

> Descubra medios para aligerar sus fases de trabajo demasiado largas (ver páginas 54/55).

> Cruce ahora los brazos delante del pecho. Con un profundo suspiro, lance fuertemente los brazos hacia atrás, y al mismo tiempo imagine que se desembaraza de la mochila, del «saco de problemas».

> Gire los hombros hacia atrás y frote suavemente el torso con las palmas hasta sentir un gran bienestar.

4 Movilizar el torso

> Extienda los brazos en cruz, y después gire el torso lateralmente, de modo que primero el brazo izquierdo y después el derecho apunten hacia delante. Lentamente, gire la cabeza en dirección opuesta. Tómese todo el tiempo preciso para las torsiones, sienta los efectos y observe su respiración.

5 Pequeños placeres

> Mire a su alrededor para encontrar sensaciones nuevas y tonificantes. Por ejemplo, beber algo con satisfacción. Imagine que el líquido purifica su cuerpo.

> Abra la ventana para sentir la caricia y la frescura del aire sobre la piel de su rostro.

> Deje correr un poco de agua sobre la zona de su cuerpo que sienta más necesidad de frescura (los brazos, la frente, el cuello o todo el rostro).

6 Infatigable

> Dígase a sí mismo: «Lo que me queda por hacer no me plantea ningún problema», o bien afirme: «Hoy todavía me ofrecería un pequeño placer».

Transformar un trayecto monótono en pasos de gigante hacia la relajación.

Caminatas útiles (7)

Nos encontraríamos mejor si fuéramos frecuentemente a pie utilizando estos momentos para restablecer contacto con nosotros mismos. Reflexione: ¿Efectúa algún trayecto entre las diferentes fases de su trabajo?

1 Esencial: ¡moverse!

➤ Durante la jornada, repita de vez en cuando: «Me siento transportado por el impulso de este día».

2 Respiración y caminar

➤ Al caminar, preste atención a su respiración. Imagine que corre en estado de ingravidez por un prado magnífico; salva alegremente un arroyo y aterriza suavemente en la otra orilla.

➤ Continúe su marcha, observando siempre su ritmo respiratorio: ¿Se modifica cuando sube una escalera o cuando desciende de una colina o lucha contra el viento?

➤ Localice el centro de su respiración en su vientre y apoye las dos manos. Partiendo de este centro, pase con sus manos –como si se desplazase el calor del sol– en todas direcciones: ¿acaso cambia su respiración?

3 Juegos de peso

➤ En el siguiente paso, párese y traslade todo su peso sobre una sola pierna. Extiéndala fuertemente y mantenga esta contracción de los músculos durante unos tres segundos.

➤ Mientras desplaza el peso y la tensión sobre la otra pierna, sienta plenamente la relajación completa de la pierna destensada.

➤ Después de pasar la tensión a la otra pierna –también durante tres segundos– sea igualmente consciente de la relajación que sigue a la contracción. Sacuda ambas piernas.

4 Estiramiento de los gemelos

Este ejercicio hará que su marcha sea globalmente más dinámica y potente, al mismo tiempo que aligera y mejora la circulación venosa de sus piernas.

➤ Antes del siguiente paso, haga un alto en la marcha. Adelante una pierna un poco e inclínela. La otra pierna, extendida, retrocede un poco.

> Empuje lentamente el talón en el suelo siendo consciente del estiramiento de la parte posterior del gemelo. Cambie de lado y espire en la zona estirada.

5 Volver a sus raíces profundas entre distintas tareas

¿Qué estímulos positivos y dinámicos le ofrece su entorno durante los intervalos entre sus diferentes tareas profesionales? ¿Quizá deba cambiar de lugar, o caminar por el exterior? ¿O hay cosas que ver o escuchar por la ventana?

> Escoja en primer lugar un objeto muy próximo, y después otro muy lejano. Mírelos unos instantes. Si hace sol, cierre los ojos un breve instante y sienta muy concretamente la caricia de los rayos solares sobre su piel.

> Sin embargo, hay otros órganos sensoriales que pueden activarse para percibir sensaciones. ¿Puede sentir el olor de la habitación en la que acaba de entrar?

> ¿Quizá pueda descubrir otras fuentes olfativas? ¿O quizá sienta ganas de beber o de picar una golosina? ¿Hay elementos diferentes en este nuevo lugar (por ejemplo, la estructura del suelo o la atmósfera de la sala)?

6 Pequeño estímulo

> Afírmelo interiormente: «Progreso muy bien».

RELAX-EXTRA: TRANSICIONES ÚTILES

Todos tenemos tendencia a reducir los tiempos muertos a un mínimo estricto para no perder un minuto. En realidad, eso es un error, pues estos momentos de transición son útiles, por no decir vitales, para desarrollar armónicamente nuestra jornada. He aquí algunos trucos útiles:

> Procure moverse más incluso trabajando en su despacho. Aleje expresamente algunos archivos para verse obligado a levantarse cuando los necesite. No se limite a desplazarse gracias a las ruedecillas de su sillón.

> Al ir a otro despacho o taller de su empresa, no vaya rumiando sus problemas. Por el contrario, utilice estos lapsos de tiempo para reanudar el contacto consigo mismo y, de este modo, relajarse. Prevea a sabiendas algunos trayectos breves para ello.

> Renuncie al ascensor y utilice la escalera. Camine muy conscientemente y obtenga sensación de movilidad y vivacidad agradable.

> Sea consciente de sus pasos. Su modo de andar traduce –a semejanza de la respiración– su estado de relajación o de estrés.

! IMPORTANTE

Utilice los tiempos muertos en vez de lamentarse por ellos: éste es el lema de los adeptos del programa RELAX.

Haciendo cola (8)

¿Le gusta hacer cola? Muy probablemente, no. En realidad, ¿a qué categoría de hacedores de cola pertenece usted? ¿Es de los que cambian constantemente de una cola a otra –con la ilusión de avanzar más deprisa– o pertenece a la categoría de los que permanecen tranquilos y pacientes –al menos exteriormente–? Conviene saber que es perfectamente posible transformar un tiempo de espera en un momento precioso para uno mismo.

1 Ampliar

> Diga interiormente: «Estoy totalmente presente; más allá de una simple espera obligada».

2 Respire hasta el suelo

> De nuevo, sea consciente de su respiración. Cuando espire, imagínese un interminable tren de mercancías.

> Separe ligeramente las piernas, flexionando las rodillas, como si descendiera esquiando alegremente por la ladera de una montaña.

> Concentre ahora su atención en el suelo bajo sus pies. Intente percibir nítidamente la presión de su peso sobre el suelo a través de los pies y del soporte resultante.

> Sea consciente de que la tierra le soporta con total seguridad. ¿Puede localizar al mismo tiempo su movimiento respiratorio?

3 La tierra le soporta

Sienta que no solamente le soportan los pies, sino también el suelo que puede abandonar con toda confianza. Sea consciente de la parte de sus pies que tiene el mejor contacto con el suelo. Percíbalo intensamente.

Mueva los dedos de los pies en todos los sentidos, y después encójalos hasta crear un hueco bajo los pies. Mantenga esta contracción durante tres segundos al menos y afloje de golpe.

> ¿Siente todavía el contacto con el suelo? No sólo con los pies, sino también con las rodillas, y quizás incluso con los muslos. Otras partes de su cuerpo pueden percibir igualmente este efecto de la gravedad y del soporte del suelo.

▣ Juego de apoyo

> Derecho, separe ligeramente los pies. Extienda bien las dos piernas y después, muy deprisa, relájelas. Proceda así al menos cinco veces seguidas, permaneciendo atento a este juego de contracción-relajación.

> Adelante un pie. Estire la pierna cada vez más, empujando el pie hacia delante por el suelo. Cambie de pierna. Sea consciente de las eventuales modificaciones de su respiración.

▣ Danzas imaginarias

> Mire a su alrededor: ¿Ve colores interesantes? Trate de visualizar cómo todos estos colores se reúnen a su alrededor para bailar un ballet maravilloso.

> Y usted mismo: ¿qué le gustaría bailar en este momento? Haga que su imaginación le deje disfrutar de la vida y de sensaciones agradables.

▣ Los frutos de la espera

> Por fin le ha llegado su turno en la cola. A pesar de todo, o más bien, gracias a este tiempo «perdido», se siente con actitud positiva y perfectamente equilibrado.

> Escoja ahora una de las afirmaciones siguientes:
«El tiempo trabaja a mi favor».
«Estoy de acuerdo conmigo mismo».
«Ahora me siento en plena forma».
«Alcanzaré mi objetivo más pronto o más tarde».

RELAX-EXTRA: PENSAMIENTOS PARA LAS ESPERAS

Cuando espere en compañía de otras personas, observe atentamente lo que pasa a su alrededor y profundice con algunas preguntas:

> ¿Qué haré con lo que estoy a punto de conseguir al llegar mi turno? ¿Y qué pasa con los otros que están a mi alrededor?

> ¿Cuál parece ser el grado de paciencia de unos y otros? Observe sin juzgar.

> Piense en situaciones de su vida –y también en las de los otros– en las cuales estará obligado, sin duda, a aceptar hacer cola.

IMPORTANTE

Aceptación de esperas obligadas (9)

Hace una eternidad que espera y no viene nadie –aparentemente, le han dado un plantón–. O bien, alguien le asegura muchas veces que la espera será breve. Son ocasiones en las cuales es importante recordar que estas esperas no sirven solamente para poner a prueba su paciencia. Por el contrario, le ofrecen un espacio para cosas nuevas y relajantes. Deje volar su imaginación.

1 Tenga perspectiva

> Imagine un interruptor colocado sobre «Estoy harto de perder mi tiempo esperando», mientras usted no hace caso y con el programa RELAX dice: «¿Tiempo perdido? ¡Eso no existe para mí!».

2 Dominio de la respiración

> Concéntrese en su respiración y, mientras inspira y espira, imagine el movimiento de un columpio infantil.

> Perciba nítidamente el contacto de sus nalgas con el soporte sobre el cual está sentado. ¿Puede notar que cambia y que se modifica la presión? Probablemente se sienta como elevado por la inspiración, mientras que con la espiración parece que aumenta el efecto de la gravedad.

> ¿Qué otras partes del asiento están en contacto con su cuerpo? ¿Tal vez el respaldo o los brazos del sillón?

CONSEJO

CONVIENE SABERLO: UN BUEN ASIENTO

> A usted también le gusta cruzar las piernas? Es un error, ya que esta posición dificulta la circulación sanguínea en las piernas. Es preferible apoyar los dos pies en el suelo, uno al lado del otro, y concentrar su atención de vez en cuando en este contacto con la tierra y la energía que así pasa por los pies.

> Lo ideal es cambiar de posición con tanta frecuencia como sea posible. Acostúmbrese a un asiento dinámico y flexible. De vez en cuando gire un poco la nuca y el torso para evitar eventuales contracciones dorsales.

> Imagínese que sale de su cóccix, y después sube por su columna vertebral, vértebra tras vértebra, hasta su garganta, y después hasta la parte superior de su cráneo. Cuando se note completamente enderezado, relájese.

> Repita lentamente: «Estoy tranquilo y me dejo llevar». Pronuncie esta frase concentrándose en las diferentes partes de su cuerpo. Haga lo mismo con sus pies apoyados en el suelo y observe su respiración.

3 Un apoyo sólido

> Pase las dos manos debajo de su asiento y ejerza una fuerte tracción hacia arriba, al mismo tiempo que resiste con todo su peso. Mantenga esta tensión durante tres segundos, y después afloje bruscamente. Sienta intensamente, durante algunos instantes, la sensación de ser transportado.

> Repita dos veces.

> Varíe el ejercicio presionando al mismo tiempo un libro o una revista entre las rodillas. Duración: tres segundos. Observe atentamente las eventuales modificaciones en su cuerpo después de haber relajado la contracción.

4 Juego de piernas

> Sentado, adelante un poco las nalgas hacia el borde de la silla. Separe las piernas estiradas al máximo. Procure no perder contacto con el suelo, pero sea consciente de sentir como una especie de elevación e ingravidez.

> Juegue un poco con la intensidad variable de este contacto con el suelo, permaneciendo perfectamente consciente del estiramiento de las piernas.

Las tres series de ejercicios que acabamos de ver pueden reagruparse en la categoría «Transiciones y pausas obligadas». He aquí un pequeño resumen de los dispositivos RELAX concernientes:

> Deje que su propia respiración le enseñe paciencia. Imagine que respira en el suelo o en el sillón.

> La relajación muscular le permite un potente contacto con la tierra o cualquier otro soporte.

> Estire sus piernas, cuando esté sentado, de pie o a punto de andar.

> Si se ve obligado a esperar, aproveche este tiempo para apreciar todo lo que no había tenido ocasión de considerar, porque creía que ya lo tenía asumido.

5 El tacto

> Toque la superficie de diferentes objetos con los dedos y preste atención a las sensaciones correspondientes. ¿Qué presión puede ejercer sobre cada objeto?

> Procure hacer un cálculo aproximado de lo que ya ha tocado en su vida, y de lo que ha podido «agarrar» y comprender cuando era niño.

6 La paciencia

> Resuma esta serie de experiencias con la frase «La paciencia es un triunfo» o bien: «Me siento apoyado».

Cada puerta que cierra, sirve para dejar atrás el estrés.

La pausa del desayuno (10)

Esta pausa coincide para la mayoría de trabajadores con un descenso natural de tono y de eficacia, y es un fenómeno natural resultante del biorritmo humano. Pero, tal como verá, existen medios para transformar esta pausa en un verdadero depósito de energía.

1 Actitud inicial

> Al comienzo de su pausa, diga: «Voy a aprovechar plenamente esta pausa bien merecida».

2 Gimnasia respiratoria

> Comience espirando lentamente. Inspire luego fraccionando la respiración en tres, como si estuviera a punto de aspirar algo. La espiración fluye de nuevo sin interrupción.

> Repita este proceso tres veces: inspire tres veces, espire de un tirón. Durante la inspiración así fraccionada, observe atentamente lo que pasa por las aletas de la nariz.

> Hágase la pregunta siguiente: «¿Qué me gustaría absorber, aparte del aire?».

> Ahora su respiración entra y sale libremente, de modo tranquilo y ligero. Imagine un gigantesco reloj de arena en el cual la arena fluye con regularidad. Sienta como si su respiración fuera algo equivalente al tranquilo paso de la arena.

3 ¡Las preocupaciones en el vestuario!

> Al salir de su trabajo al mediodía, seguramente pasa por varias puertas. Imagínese que detrás de cada una de ellas deja una parte de sus preocupaciones profesionales.

> En la primera puerta, trace tres círculos hacia atrás con sus hombros. En la segunda, sacuda los brazos (las preocupaciones caen) y en la tercera separe sus diez dedos.

4 Como una marioneta

> Ponga una mano sobre la parte superior de su cabeza y contacte con los cabellos, así como con el suave calor y la sensibilidad de su cuero cabelludo.

> Imagine que su cuerpo está atravesado en el centro por un hilo que sobre-

sale de la parte superior de la cabeza, y que alguien lo estira lentamente hacia arriba. Siéntase como una marioneta: obedeciendo a la tracción del hilo su cuerpo se endereza verticalmente cada vez más. Deje caer los hombros, la pelvis queda bien recta y el esternón se deja estirar pasivamente hacia arriba.

> Poco a poco todo el cuerpo se estira cada vez más –de los pies a la cabeza– y usted trata de seguir atentamente este estiramiento global a través de todo su cuerpo.

5 Recolección de placeres

He aquí tres criterios que le permitirán personalizar su pausa: la perspectiva, la compensación y la actividad.

> Adquirir perspectiva: Establezca mentalmente una buena distancia con relación a su trabajo. Evite, durante las pausas, discutir con sus colegas sobre problemas profesionales. Por el contrario, esfuércese en concentrar la atención y el interés en otros puntos y otros valores.

> Equilibrio y compensación: ¿En qué se han concentrado sus esfuerzos durante la mañana? Cree un contrapeso en consecuencia. Puede comenzar por un cambio de lugar: si estaba en un lugar cerrado, pase unos minutos al aire libre, fuera. Disfrute del vasto panorama. Cuanto más contacto tenga con la naturaleza, mejor para usted.

¿De vez en cuando le apetece una pequeña siesta? Tenga presente que es beneficiosa, pero es necesario no sobrepasar los 20 minutos. Más allá de este tiempo, la mayoría de nosotros entra en la fase del sueño profundo, del cual se despierta con dificultad. En cualquier caso, vale la pena comprobar personalmente el efecto de una minisiesta.

Esta proximidad con la naturaleza nos relaja más fácil y profundamente. Sea consciente de las sensaciones y posibilidades diferentes que nos ofrece cada estación del año; desde los primeros brotes de la primavera hasta los colores tornasolados de las hojas de otoño.

> Actividad física: Sobre todo para los «trabajadores intelectuales», se aconseja encarecidamente que efectúen movimientos durante la pausa para recuperar el equilibrio. A cada uno le corresponde encontrar las vías o las actividades posibles durante el tiempo de la pausa. ¿Por qué no en una sala de gimnasia?

6 ¡Lleno de ánimo!

> Al final de su pausa del mediodía, compruebe con satisfacción: «¡Lleno de ánimo para la próxima etapa!».

Celebración de todos los éxitos (11)

¿Ha llegado a pensar alguna vez en todo lo que ya ha triunfado o considera que todavía no ha alcanzado el éxito? Si pertenece a la categoría de los que no valorizan sus pequeños éxitos, o logros parciales, es el momento de cambiar este enfoque. Nada motiva tanto como la valorización de los objetivos conseguidos.

1 Toma de conciencia

> Repita varias veces: «Éxitos ocultos, he aprendido a apreciaros».

2 Respiración ante un bello panorama

> Concentre ahora la atención en su respiración. Imagine que está a punto de trepar alegremente por una pequeña colina. Al llegar a la cumbre, disfrute de la magnífica vista panorámica. Abajo, en el valle, puede contemplar un río que se abre paso a través del paisaje. ¿Cómo se desliza? ¿Es de aguas rápidas y bravas o sigue su curso apaciblemente? En su imagen mental, haga desembocar el río –al mismo tiempo que su respiración– en un lago tranquilo, grande y profundo.

3 Los signos de la victoria

> Doble el brazo derecho, forme un puño con la mano y doble también un poco la muñeca. Contraiga fuertemente el puño y el antebrazo –mantenga la tensión unos tres segundos– y después afloje totalmente.

> Viva plenamente el eco de la relajación que sigue a esta contracción. Ejerza al mismo tiempo una ligera concentración

sobre su respiración, y después abra la mano y haga un gesto como si lanzase algo al aire. Imagine que la cosa lanzada alcanza fácilmente su objetivo.

4 Crecimiento

> Ponga las manos, una palma encima de la otra, sobre el pecho. Después, empuje lentamente los brazos hacia delante, teniendo la impresión de que se alargan cada vez más. Sienta este estiramiento hasta los hombros.

5 ¡Celebre los pequeños éxitos!

Organice su primera minifiesta para celebrar un éxito. ¡Incluso si solamente dura un minuto será estimulante y motivadora!

> **¿Cuándo celebrar una fiesta?** Cada vez que todo se haya desarrollado tal como estaba previsto, o sea cada vez que…

…haya podido trabajar sin ser estorbado;

…sus medios técnicos hayan funcionado bien;

…sus propuestas hayan sido aceptadas.

> **¿Cómo celebrar estas pequeñas victorias?** Cree verdaderos rituales, tales como marcar solemnemente la tarea terminada en un calendario. O bien, abrir la ventana para respirar con deleite el aire fresco. O bien, premiándose a sí mismo con su bebida preferida.

> **¿Dónde celebrarlo?** En cualquier parte en que se encuentre. ¡Haga gala de creatividad!

> **¿Celebrarlo solo o con buena compañía?** Si la ocasión es favorable, aprovéchela para iniciar a otras personas en sus pequeños rituales. Los que viven o trabajan cerca de usted sin duda conocen sus momentos de frustración o de desánimo. Entonces, ¿acaso no es justo que compartan igualmente sus éxitos y satisfacciones? Agradézcales, con un pequeño gesto o verbalmente, su paciencia y su comprensión en las fases difíciles. Pero incluso si está solo, ¿por qué no coger el teléfono y decirle a alguien que su jornada ha sido excelente y que le desea lo mismo?

6 Automotivación

> Escoja entre las diez fórmulas siguientes la que considere más adecuada:

«¡Bien hecho!»

«Todo el mundo me ha ayudado»

«Todo ha funcionado perfectamente»

«Me siento lleno de energía»

«Todo está bien de este modo»

«¡Esto me satisface!»

«¡Es fantástico cuando todo marcha de esta manera!»

«¡Esto me da alas!»

«¡Qué bien se ha avanzado!»

«Empiezo a tener un buen montón de experiencias positivas»

> No recite su frase motivadora de modo rutinario. Pronúnciela reviviendo muy concretamente su experiencia.

El regreso a casa (12)

¿Cómo vive el trayecto de regreso? De esta atmósfera depende la calidad de su velada, de esas horas de libertad que le esperan.

1 Una palabra por el camino

> Diga: «Es el momento de dejar el trabajo en paz. Hay que pasar a otra cosa».

2 Silencios

> Al andar sea consciente de su respiración. Imagínese que está a punto de descender por la ladera de una monta-

Ha llegado a la estación del metro: ¡una preocupación más para dejar detrás de usted!

ña nevada con esquís o sobre un trineo. Al mismo tiempo, piense en lo que deja detrás hasta la mañana siguiente.

> Si presta atención, comprobará que, entre inspiración y espiración, existe siempre un instante de reposo, de inmovilidad. Sea consciente de estas pequeñas pausas regulares de su respiración.

> Observe con qué tranquilidad puede aceptar la inmovilidad y esperar la inspiración siguiente.

3 ¡Fuera las preocupaciones!

> Memorice puntos o sucesos de referencia en su trayecto de regreso. Puede ser una puerta, subir al coche, la entrada del metro, la parada del autobús, o una señal de tráfico. Cada uno de los puntos, o de las etapas, le ayuda a dejar muy conscientemente su lugar de trabajo detrás de usted.

> Refuerce este proceso físicamente, cerrando y abriendo las manos varias veces, cruzándolas detrás de la nuca, sacudiendo un brazo o los dos.

4 Tener perspectiva

> Estírese hacia atrás observando atentamente las diferentes sensaciones de este estiramiento. Sea particularmente consciente de la contracción de los músculos de lo alto de la caja torácica.

> Mientras camina, efectúe estiramientos en todas direcciones, a su ritmo. Si ya

> ¿Qué puedo hacer cuando, después de mi jornada laboral, llego a casa totalmente agotado, y apenas he cruzado la puerta me siento asaltado por las esperas de mi familia?

Especialmente después de una jornada particularmente fatigosa, puede ser útil prolongar un poco la fase de transición. No entre inmediatamente en casa y, en lugar de ello, interrumpa su trayecto para disfrutar de un momento algo especial. Por ejemplo, saboree un helado o tómese un refresco en un bar, o bien dé un paseo por un parque o por la orilla de un río. De este modo, crea una especie de cedazo agradable. Existe otra posibilidad para desactivar las tensiones: examine conjuntamente los deseos y las necesidades de unos y de otros, y establezca un calendario de prioridades.

está suficientemente flexibilizado y relajado, sus movimientos llegarán a ser dinámicos y armónicos.

> Ponga su mano derecha sobre la parte alta y externa del muslo derecho. Desplace lentamente la palma, a fin de sentir claramente el juego de músculos y tendones que se movilizan cuando anda. Sea consciente de que este juego de contracciones-relajaciones le permite permanecer de pie o caminar. Cambie de costado.

5 Últimas rutinas

A fin de marcar claramente el final de su jornada laboral, es aconsejable establecer una pequeña rutina o hábito.

> Así, cuando apague su ordenador, haga siempre el mismo gesto: arreglar el despacho o poner en marcha el contestador automático. Estas rutinas irán acompañadas de espiraciones prolongadas y conscientes.

> Al pensar en el día siguiente, imagine alguna cosa agradable en perspectiva.

> Se aconseja encarecidamente buscar puntos de referencia –visuales o de otro tipo– que le ayuden a lograr una transición armónica entre trabajo y tiempo de ocio.

> Si trabaja en su domicilio, debería salir de casa, caminar un poco, y sólo entonces volver a entrar en casa para diferenciar bien los territorios.

6 ¡Por fin en casa!

> Diga mentalmente: «Merezco volver a entrar en casa» o «Es lógico que sienta satisfacción».

La velada nocturna (13)

¿Le gustaría pasar una agradable velada de relajación con la maravillosa impresión de tener un tiempo ilimitado a su disposición? Para ello, basta disponer verdaderos estratos de libertad, donde pueda separar cuidadosamente cualquier obligación y riesgo de desorden.

1 Ponerse a tono

> En esta fase déjese deslizar repitiendo muy lentamente –y pronunciando con claridad cada sílaba– las palabras siguientes: «tiempo de ocio – tiempo libre –libertad – velada libre – satisfacción».

2 Agradable gravedad

> Con las manos mirándose, junte las puntas de los dedos. Ejerza presión imaginando cómo circula la sangre por sus venas y sus arterias. Procure recorrer así atentamente todo su cuerpo.

> Visualice su sangre que atraviesa su cuerpo como un río cálido. Concentrándose, ¿puede sentir un ligero movimiento bajo la piel o unos cosquilleos en la punta de los dedos?

> Quizá también pueda percibir que un brazo es más pesado que el otro. Haga irradiar esta relajación desde ahí hasta las profundidades de su vientre. Sienta una corriente cálida y agradable durante todo el trayecto.

3 Soltar prenda

> Agarre un objeto sólido y resistente y apriételo cada vez más fuerte con la mano. Después de tres segundos, abra la mano y déjelo caer.

> Sienta en todo su cuerpo la relajación resultante. Al mismo tiempo, sea consciente de su respiración.

> Recuerde que no hay motivo para inquietarse por las cosas que existen a su alrededor. De nuevo, agarre ligeramente diversos objetos de su entorno habitual y suéltelos uno tras otro.

4 Expansión

> Sobre una alfombra o una estera cómoda, siéntese con las piernas cruzadas, e imagínese que se hace pequeño, como si quisiera entrar en una caja.

> Después –tras haberse comprimido así– comience lentamente una expansión: en primer lugar se estiran y despliegan al máximo los dedos de las manos y de los pies. Luego lo hacen la espalda, el cuello y la nuca, así como los brazos y las piernas que cada vez se estiran más.

> ¿Acaso prefiere efectuar estos estiramientos revolcándose sobre el suelo?

> Visualice ahora que unos hilos o unas cuerdas –que le trababan desde hacía tiempo– se desprenden literalmente de usted. Vivencia profunda de una liberación.

> Al efectuar estos estiramientos en profundidad, concéntrese en los diferentes trayectos posibles entre los dedos de los

pies y la parte superior de su cabeza. Recorra cuidadosamente su cuerpo desde abajo hacia arriba.

> Quizá también será consciente de lo que se modifica o se expresa en usted cuando se estire así: algunas crispaciones o deformaciones internas pueden esfumarse por completo.

5 Oasis de bienestar

> **Comida de fiesta:** Usted dirige la velada y ahora puede comer sin estar pendiente del reloj. Puede transformar su cena en una pequeña fiesta con sus propios ritos, tales como encender una vela o poner una flor al lado de su plato. Coma lentamente disfrutando del ágape; de esta manera sentirá una agradable plenitud.

> **La magia de las velas:** Apague la luz y encienda varias velas a su alrededor. Observe el resplandor y los destellos de las llamas, y aumente el efecto con parpadeos. Acérquese a una vela y cierre los ojos. Muévalos lentamente –bajo los párpados cerrados– hacia la derecha y la izquierda. Observe cómo le afecta la claridad de la vela, aunque no la vea. Si está atento, podrá sentir cómo le penetran los rayos de luz, cada vez más profundamente, y cómo se propaga esta percepción lentamente por todo su cuerpo. Con los ojos abiertos de nuevo, observe tranquilamente el centelleo y los micromovimientos de la llama; procure sentir el calor sobre su piel. Con los ojos fijos en la llama, concéntrese al mismo tiempo –sin mover la cabeza– en tres objetos que se encuentren en su campo visual. Traslade después su concentración a tres sensaciones que experimente. Repita este proceso, pero concentrándose desde el principio en dos objetos, y después solamente en uno.

> **Entusiasmo por la música:** Escoja una música que le guste, que le provoque recuerdos agradables y un estado de calma. Abandónese enteramente a la sonoridad de esta música, y siéntase como una caja de resonancia que vibra cada vez más. Poco a poco la música le incitará a moverse: al principio con pequeños gestos, y después con movimientos progresivamente amplios. Experimente el placer de moverse libremente de este modo.

6 Reminiscencia de relajación

> Repita mentalmente: «¡Qué bienestar!» o «Tengo derecho a recoger los frutos de mi trabajo».

Antes de acostarse (14)

La calidad de su noche depende de su velada. Traducido en términos de RELAX: cuanto más consiga liberarse y relajarse, más reparador será su sueño.

1 ¡Triunfo!

> Diga: «Estoy invitado a la calma y al reposo de la noche...».

2 Cine personalizado

Pruebe cuál será el mejor momento para efectuar este ejercicio: a la vuelta del trabajo, cuando se acueste, o poco antes de dormirse.

> Concéntrese en su respiración. Le informará sobre su estado general.

> Si su respiración no es totalmente libre, será conveniente revisar –bajo su mirada interior– ciertos acontecimientos de la jornada. Mientras repasa así la película de su jornada, sea consciente sobre cómo influye en su respiración el recuerdo de ciertas vivencias. Si nota que su respiración se vuelve más superficial y tensa, eso significa que algún acontecimiento no se ha asimilado o integrado verdaderamente.

> Profundice en el ejercicio visualizando un copo de nieve o una hoja desprendida de un árbol en otoño que el viento hace bailar en todas direcciones antes de que finalmente aterrice en el suelo.

3 La hora de la limpieza

> Preste la máxima atención a sus manos, que tan activas han estado durante toda esta jornada y que, por fin, tienen ocasión de encontrar un descanso bien merecido.

> Rodee ahora cada dedo de la mano izquierda con la mano derecha y –desde el nacimiento del dedo hasta la punta de la uña– masajéelos lenta y suavemente.

> Observe al mismo tiempo cómo todo su cuerpo se sumerge cada vez más en una relajación profunda.

4 Masaje lúdico

> Eleve los brazos hacia el cielo e inclínese hacia atrás. Quédese así durante tres segundos. Después, relájese completamente y sacuda un poco los brazos y el torso.

> Pase lentamente la mano sobre varias partes de su cuerpo y masajee muy suavemente la piel. Sea consciente de aquellas zonas del cuerpo que todavía permanecen contraídas. Acarícielas también imaginando que este ligero masaje disuelve definitivamente las últimas tensiones residuales.

> Si le apetece, puede profundizar el masaje y hacerlo más grato con un aceite perfumado.

5 Soltarlo todo

> Antes de desvestirse por la noche, revise todas las cosas que ha dejado

¿Sabe en qué punto de su cuerpo es su piel más sensible y más agradable al tacto? ¿No? Entonces –mientras se ducha– debería seguir atentamente las sensaciones provocadas por el contacto con el agua tibia. ¿O siente este contacto particularmente agradable? Piense al mismo tiempo de qué manera su piel le rodea por todas partes. Sea consciente de la zona en que su piel es particularmente receptiva; podrá servirle de punto de partida eficaz para otros viajes de relajación.

sueltas, y que ha aplazado, en el curso de esta jornada. Luego refuerce con una espiración intensa y dinámica la convicción de que los problemas todavía no resueltos pueden esperar perfectamente a la mañana siguiente.

➤ Procure que su acto de desvestirse sea plenamente consciente. Si todavía conserva en sus bolsillos notas o documentos, apártelos de manera muy ostensible: ¡No necesita nada durante la noche! Por último, deje a un lado su reloj.

➤ Quizá todavía encuentre en sus bolsillos algún objeto. Si lo tira, acompañe esta acción con suspiros de alivio.

➤ Al desvestirse, deje a un lado cada prenda, de modo muy consciente y casi solemne: todos los vestidos que le protegen del frío, del sol y de las miradas tienen ahora poca importancia en comparación con lo importantes que le parecían durante la jornada.

➤ Al ducharse, o al lavarse, imagine que deja atrás todo lo que ha provocado cansancio. Al desembarazarse del polvo y de la transpiración, se limpia también de preocupaciones e inquietudes.

➤ Disfrute secándose con una toalla suave y agradable. Mientras frota su piel, visualice que se libera de todo lo negativo.

6 Un lema final

➤ Elija uno de estos lemas destinados a facilitar la acción de soltar lastre antes de dormirse:

«El mundo es más vasto que mis problemas. Ahora me sumerjo en esta amplitud»

«Me siento completamente liberado»

«Lo he dejado todo detrás de mí».

¡Bellos sueños! (15)

Si le cuesta dormirse o caer dulcemente toda la noche en brazos de Morfeo, utilice las propuestas siguientes para asegurarse un sueño reparador.

1 Camino hacia el país de los sueños

> Diga mentalmente: «Llego a un punto donde no queda nada por hacer. ¡Todo está bien!».

2 Fuentes de relajación

> Observe cómo el aire que inspira se propaga por su cuerpo. Al mismo tiempo, imagine que las olas del mar rompen suavemente en la arena. Una parte del agua es absorbida, y el resto vuelve al mar.

> Recorra atentamente su cuerpo buscando la parte más relajada. Apoye la palma de la mano y sienta que, desde este punto, algo irradia al resto del cuerpo. Observe cómo esta onda de calor y de relajación atraviesa su cuerpo y abarca su totalidad.

3 Última suelta de lastre

> Concéntrese en el tema que más le ha preocupado durante toda la jornada. Al mismo tiempo, cierre los puños y mantenga esta contracción durante tres segundos: calme el estado de tensión de su espíritu, unos minutos antes de dormirse.

> Después, déjese caer bruscamente en una relajación total y profunda, tanto a nivel psíquico como físico. Visualice entonces que el asunto que le

preocupa le abandona bajo la forma de un pájaro que levanta el vuelo... y que ya no volverá hasta mañana.

> Observe sus manos: al principio fuertemente cerradas –como para retener alguna cosa– se abren para soltar el problema.

4 Últimos estiramientos

> Acostado en su cama, estírese en todos los sentidos, y después póngase en posición fetal, totalmente acurrucado sobre sí mismo.

> Será útil imaginar que, dentro de su cabeza, tiene un vídeo, a punto de funcionar, lleno de recuerdos agradables. Puede arreglar, completar y mejorar a voluntad esta cinta. Imagine, por ejemplo, que está en compañía de una persona amada...

5 Más alto que las nubes...

> Imagine que, gracias a unas espiraciones dirigidas y concentradas, puede situarse en el techo de su habitación y observarse a sí mismo.

> Su imaginación no tiene límites. Sube cada vez más alto; por encima de las casas, de la ciudad, de la región...

> Una variante: a bordo de un globo, sube cada vez más porque suelta lastre.

> Con la imaginación, vaya a lugares que le gusten y de los que guarda recuerdos muy agradables.

> A fuerza de tanto subir, se sitúa en órbita alrededor de la tierra, como

He aquí un pequeño resumen de los diferentes elementos de RELAX a utilizar después de su jornada de trabajo y antes de acostarse:

> No olvide observar frecuentemente su respiración y utilizar su ritmo respiratorio para sumergirse en la calma.

> Puede resultar de gran ayuda establecer pequeñas rutinas para liberarse de las tensiones y de las preocupaciones de la jornada.

> Al pasar lentamente las palmas de las manos por el cuerpo, imagine que así elimina todo lo negativo.

> Los momentos que van del crepúsculo a la noche son propicios para el descubrimiento de todo lo que puede volverle a sus raíces profundas.

un satélite. Ve claramente una parte de nuestro planeta. En algún lugar, allá abajo, usted está acostado en su cama... y se duerme en seguida.

6 Con toda tranquilidad

> Compruebe: «Estoy seguro y protegido» o «Así todo está bien».

Cuando
aumenta el estrés

Este capítulo se compone de dos partes que

conciernen muy directamente a su vida cotidiana.

La primera parte presenta ocho encadenamientos

de ejercicios que serán particularmente útiles

cuando su cuerpo indique, por medio de dolores o

de un malestar, que está sobrecargado.

Las páginas siguientes contienen el «Programa de

primeros auxilios RELAX», cuya eficacia apreciará

cada vez que esté sumido en la trampa del estrés.

Sus oasis personales
de relajación

Cada individuo tiene sus puntos críticos, sus zonas frágiles, que reaccionan en caso de acontecimientos estresantes, cuando sube la tensión. Uno sufrirá cada vez dolores de cabeza, mientras que otros se quejarán regularmente de dolores en la nuca, de dolor de espalda o de repetidos calambres de estómago.

La mayoría de nosotros nos obstinamos simplemente en ignorar estas señales de socorro del cuerpo, o las tapamos con analgésicos. Pero, incluso si las consecuencias no son inmediatas, desgraciadamente un día habrá que pagar la adicción, lo cual es tanto más lamentable

cuando lo que su cuerpo quería era simplemente alertarle a tiempo, pedirle que se ocupase un poco de sí mismo y que le ofreciera una pausa de relajación. Nuestra serie de ocho ejercicios abarca los síntomas más típicos de estrés y aporta un alivio inmediato a las zonas corporales directamente traumatizadas.

Dado que placeres y satisfacciones ocupan igualmente un lugar de considerable importancia en el proceso de relajación, comenzaremos este capítulo por las «Siete reglas RELAX del placer», destinadas a sensibilizarle con las pequeñas satisfacciones de su vida cotidiana.

Las siete reglas RELAX del placer

El placer se aprende. He aquí siete puntos clave para desarrollar su capacidad de placer y de satisfacción.

1. El placer necesita tiempo

Precisamente es tiempo lo que nos falta a menudo. Con toda seguridad, es más fácil concederse un momento de placer en el curso de una jornada libre de obligaciones. Sin embargo, en realidad, el tiempo no tiene un rol tan determinante: aprenda a aprovechar incluso breves instantes, pequeños estratos de libertad.

2. El placer exige atención

La mayoría de nosotros tiene la costumbre de hacer varias cosas a la vez, por afán de ganar o de tener un mejor rendimiento. Sin embargo, la realidad es que quien dispersa su atención no puede dedicarse plenamente a una actividad o a una experiencia.

3. Menos es mejor

No obstante, todos sabemos que aumentar el consumo no significa aumentar al mismo tiempo el bienestar. A pesar de ello, frecuentemente queremos abarcar más de lo necesario. Sin duda tenemos miedo de que nos falte algo. Paradójicamente, son precisamente estos temores los que nos impiden acceder al placer.

4. Permiso para el placer

«Tengo derecho al placer», es una afirmación que no debería escandalizar, y ser perfectamente natural. Sin embargo, nuestra furiosa necesidad de triunfar y diversas culpabilidades nos impiden frecuentemente gozar de una experiencia agradable. ¿Ha reflexionado en qué campo obstaculiza las satisfacciones bien merecidas?

5. Cada día un placer

No deje siempre los placeres o las satisfacciones para más tarde. Desde hoy, detecte en su entorno las disponibilidades diarias de multitud de pequeños placeres.

6. Placeres personalizados

Sabemos que la misma actividad puede ser vivida de manera muy diferente según cada persona. Así pues, las labores de jardinería pueden ser una verdadera satisfacción para una persona, mientras que a otra le provocarán alergia. Asuma su peculiaridad y descubra, dentro de la gama ilimitada de placeres y pequeñas dichas, su variante personal.

7. Sea autor de sus placeres

Para evitar que placer y satisfacciones se limiten sólo a raros momentos que le proporcionan otras personas, se aconseja encarecidamente fomentar personalmente y de modo activo –a lo largo de su vida– los momentos de felicidad y de placer.

¿Fatigado? Entonces, bostece

¿Se siente tan agotado y molido de cansancio que no cesa de bostezar? En tal caso, es urgente transformar sus bostezos de molestia en bostezos positivos. Efectivamente, es posible utilizar con habilidad estos reflejos para renovar y dinamizar sus energías.

1 Conciencia de sí mismo

> Comience la serie haciendo una castañeta de dedos y diga: «Soy consciente de mí mismo».

2 Optimice sus bostezos

> Estire los brazos diagonalmente hacia arriba.

> Abra la boca tanto como sea posible. Imagine que quiere tragar un meloco-

tón entero, y que los bostezos se desencadenan naturalmente.

> Observe las cantidades increíbles de aire que pueden entrar en su gran boca abierta y efectúe –relajado y con placer– repetidos bostezos.

> Si está solo, aproveche para efectuar bostezos sonoros y acentuados. Al espirar, baje los brazos y sea consciente de la relajación cada vez más profunda.

3 Mandíbulas relajadas

> Abra otra vez la boca al máximo como si quisiera bostezar más. Pero esta vez concéntrese en la contracción de los músculos de las mandíbulas.

> Sea consciente de la agradable sensación de relajación de toda la boca mientras espira.

> Profundice y complete aún más esta relajación masajeando suavemente las

RELAX RELÁMPAGO: FIJE SUS OBJETIVOS

¿Ha elaborado ya un programa o ha fijado los objetivos a alcanzar durante los próximos meses? ¿En qué campo quiere desarrollar o mejorar sus capacidades y posibilidades? ¿Quizás en su vida de relación o quizá en el campo profesional (formación, cambios, etc.)? Anote claramente sus objetivos y deseos por escrito, y procure que también conste el deseo de experimentar placer en su vida cotidiana. Este punto es importante y, gracias a él, llegará seguramente a aprovechar los estratos indispensables.

articulaciones de las mandíbulas con la punta de los dedos. Si le apetece, proceda a un masaje algo más dinámico durante algunos instantes.

4 Bostezos musculosos

Parece increíble, pero es perfectamente cierto: cuando bostezamos, accionamos un montón de pequeños músculos. Estos micromovimientos constituyen un verdadero pequeño masaje.

> Continúe bostezando. Observe ahora cuáles son las partes de su cuerpo, además de la boca y de las mandíbulas, que se mueven y se estiran. Sea consciente de que la relajación resultante sobrepasa de lejos la boca o la garganta.

> Ciertamente ha podido comprobar que cuando bosteza al inspirar, los hombros y el cuello se elevan y se estiran. En la próxima inspiración, bostece y acentúe todavía más este estiramiento.

5 1ª etapa de placer: explore una fruta

> Agarre con la mano una manzana, u otra fruta de su elección, y explore su superficie lentamente, con la punta de los dedos: ¿Es lisa o rugosa, suave o dura?

> ¿Hay zonas en que el contacto sea diferente? Explore cuidadosamente el pedúnculo.

> A continuación, coloque la manzana sobre su mesa de trabajo. Durante toda la jornada, le recordará sus etapas de placer y le dará ánimos para continuar este viaje apasionante.

6 Satisfacción

> Afirme: «Puedo coger esto cuando lo necesite» o «Dejo que el aire me refresque».

A FAVOR DEL MOVIMIENTO

El programa RELAX no puede ni quiere, en ningún caso, reemplazar a los movimientos corporales regulares que usted necesita. Sobre todo, si frecuentemente está sentado o de pie, no deje pasar ocasión alguna para proporcionar a su cuerpo toda clase de movimientos. Así, por ejemplo, la mayoría de discusiones o conversaciones pueden sostenerse andando; de este modo llegan a ser más animadas y creativas.

Si su trabajo le exige una concentración intensa a nivel mental o emocional, el organismo se ve obligado a producir cierta cantidad de hormonas del estrés, tales como la adrenalina y la cortisona. Estas sustancias provocan en el cuerpo agitación y malestar. Pero desde el momento en que usted se muestra activo físicamente, las cosas se arreglan: al principio, tonifica el sistema ortosimpático, y después –en la fase de relajación– el sistema parasimpático. Muy pronto se sentirá a la vez equilibrado y relajado. Por tanto, ¡muévase siempre que tenga ocasión!

INFORMACIÓN

¡Conserve la cabeza fría!

¿Ha vivido jornadas intensas y agitadas de trabajo, en las que se ha sentido literalmente sobrecargado, y en las que sólo tenía un afán: refrescarse el cerebro y aclarar las ideas? He aquí algunos trucos para volver a conservar la cabeza fría y las ideas claras:

1 La señal

> Agarre su mentón con la mano y diga, con determinación: «Relajación - ¡ahora!».

2 La cabeza respira

> Ahora, tóquese la nariz. Concéntrese en la respiración en el espacio nasal. Procure sentir cómo se difunde la respiración por su cabeza.

> Acompañe su respiración siguiendo el trayecto con los dedos: desde la parte superior de la nariz hasta la frente, y después hasta las sienes. ¿Consigue sentir los movimientos de su respiración?

3 Un rostro liso

De vez en cuando es conveniente verificar en el espejo si tiene la frente relajada o si los problemas y las preocupaciones han marcado en ella sus arrugas. En tal caso, se impone un pequeño programa «antiarrugas», pues se trabaja mejor con la frente lisa.

> Concentre la atención en su rostro. Si tiene un espejo cerca, mírese en él.

> Frunza el ceño y la frente hacia arriba hasta el punto de arrugarla profundamente –como si hiciera muecas–.

> Mantenga esto durante unos tres segundos antes de relajar completamente cualquier tensión. Sienta cómo los rasgos de su rostro se vuelven lisos y se relajan profundamente.

RELAX RELÁMPAGO: SIEMPRE UNA COSA DESPUÉS DE OTRA

Reflexione: ¿Ha vivido alguna vez situaciones en las que estuviera haciendo tres cosas, o más, a la vez? En caso afirmativo, ¿ha sido únicamente en el trabajo o también en su vida privada? Los acontecimientos podrían suceder así: está a punto de beber una taza de té y de picar unas pastas. Al mismo tiempo, escucha música. Su mirada se posa entonces en una revista y empieza a hojearla. Alguien entra en la habitación y le hace una pregunta que no puede esperar... En este tipo de situación debería aprender a hacer solamente una cosa a la vez. En todo tipo de contextos, procure ocuparse únicamente de una cosa o de una operación. Así sacará más provecho.

> Obsérvese: ¿Hasta qué punto puede sentir la relajación de su rostro? Su frente está lisa y tranquila como un lago de montaña en el que sería una delicia sumergirse. Sea consciente de que todo su rostro es más liso y más terso.

4 Mime a su cabeza

> Coloque las dos palmas de las manos sobre el cráneo, de manera que los dedos se toquen en la parte superior de la cabeza y los pulgares se encuentren detrás de las orejas. Lentamente, los pulgares comienzan a masajear la zona detrás de las orejas, describiendo pequeños círculos. Progresivamente, siempre con movimientos circulares, se acercan a la columna vertebral. Sea consciente de la relajación inmediata.

> Eleve las manos y ponga los dedos sobre el centro de la frente. Ejerciendo una ligera presión, descienda varias veces lentamente en diagonal hacia las sienes. Observe las repercusiones positivas de este masaje sobre los músculos y la circulación sanguínea de la cabeza.

5 2ª etapa de placer: fresco para la frente

> Agarre una fruta con la mano, ¿qué siente? ¿está tibia o fría al tacto?

> Continúe su exploración por percepción térmica. Compruebe cuáles son los objetos más fríos o más calientes. Quizás ello dependa de la parte de su

Masajear la parte posterior del cráneo refresca las ideas y permite una relajación rápida y profunda.

cuerpo que establece el contacto (pies, brazos, cara, etc.).

> Ofrezca una sensación refrescante a su cabeza: pase lentamente varias veces sobre la frente un vaso con una bebida fría o con cubitos de hielo.

> Si hace más frío afuera que en el interior, abra la ventana y esté unos instantes con la cabeza en el exterior. O bien, toque un cristal frío con la cara. Sienta el frescor tonificante y acójalo. Si hace calor, refrésquese la frente con un poco de agua fría del grifo.

6 ¡Adiós cabeza caliente!

> Compruebe con satisfacción: «Estoy bien relajado para continuar mi trabajo».

Una nuca relajada

Su nuca está totalmente contraída. ¿Acaso apenas se ha movido durante varias horas de trabajo? Sentado en su despacho de manera estática o tensa, ahora siente contracciones en esta zona. Una nuca dolorida o simplemente contraída puede ser debida a múltiples causas, pero también existe todo un arsenal de ejercicios para actuar eficazmente.

1 «¡Contracción, disuélvete!»

> Eleve brevemente los hombros y, con este movimiento, sea consciente de sus vértebras cervicales. Diga interiormente: «Me abro por completo (y fácilmente)».

2 Vibre bajo las axilas

> Coloque la mano derecha abierta bajo la axila izquierda, de modo que sienta cómo se mueven sus costados bajo la influencia de la respiración. ¿Lo nota?

> Desplace su mano hacia arriba: ¿Puede sentir también la inspiración en la zona de los hombros?

> La mano continúa hacia la nuca y el cuello. ¿De qué manera percibe aquí las vibraciones respiratorias? Repita la exploración por el otro lado.

3 Encuentro de los omoplatos

> Eche los dos omoplatos hacia atrás como si debieran tocarse. Mantenga la contracción en los hombros y el torso durante tres segundos. Relájese luego de golpe y sacuda vigorosamente los hombros.

> Repita el ejercicio.

4 Masaje golpeteando

Este masaje es más fácil y más eficaz si no hay vestido alguno que le estorbe.

> Todo vale en «la escuela del tacto». Sólo es importante que la sensación provocada sea agradable.

> Comience por un pequeño masaje llamado «gotas de lluvia»: coloque la mano derecha –si es diestro– sobre la nuca y golpetee toda esta zona con los dedos. Los movimientos han de ser ligeros, breves y secos.

> Después, dirija la mano hacia los hombros, y efectúe suavemente el masaje con golpeteos hasta los omoplatos.

> Por supuesto, ha de masajear con la otra mano las zonas difíciles de alcanzar.

5 3ª etapa de placer: la escuela del tacto

En esta etapa de aprendizaje del placer, será útil reunir, poco a poco, una pequeña colección de objetos cuyo tacto sea muy diferente. Así podrían seleccionarse, por ejemplo: una bola de algodón, guijarros, conchas, plumas, piñas de pino, un pañuelo de seda, lana, nueces, granos de café, papel de lija o un trozo de pana. Lo único importante es la diversidad de sensaciones al tacto.

> Pase suavemente una mano por la nuca. Con los ojos cerrados, toque varios objetos de su colección y aprecie bien la diferencia de sensaciones.

6 Perfectamente tranquilo

> Afirme mentalmente, con determinación: «Relajado, continúo».

¿Alguna vez llega a estar harto, hasta el punto de que le cueste respirar? Entonces, estos consejos le serán muy útiles:

> ¿Ya ha reflexionado sobre cómo simplificar globalmente su vida? Una opción podría ser desprenderse de todos los objetos que no utiliza desde hace años. En efecto, uno de nuestros mayores problemas es que, en comparación con otras épocas, tenemos muchas más cosas.

> Reduzca el consumo de medios de información –que proporcionan un exceso de excitaciones y de estímulos– controlando conscientemente su cantidad y su calidad. No se deje inundar cada mañana por toda clase de catástrofes y dramas humanos. ¿Por qué atiborrarse de noticias sobre escándalos de personajes que no tienen absolutamente nada que ver con su vida?

> ¿Acaso ha encontrado recientemente a alguien o algo que usted aprecie por su originalidad o su particularidad? Tal vez sean contactos con una persona excepcional a sus ojos, o tal vez sea una vivencia profunda en el seno de la naturaleza. O simplemente sea algo concerniente a la decoración de su hogar o a su indumentaria. Lo importante es la originalidad y la creatividad personal; lejos de copias o imitaciones que no le aportan nada.

SOS, ojos estresados

¿Tiene que pasar cada día varias horas delante de la pantalla de su ordenador? Entonces, sin duda, conoce muy bien la queja de los ojos fatigados. Los ejercicios siguientes le ayudarán a cuidar bien de sus ojos.

1 Una pausa de luz

> Acaricie suavemente sus ojos con los dedos, diciendo: «Voy a hacer una pausa de luz».

2 Oxigenarse los ojos

> Sea consciente del paso de su respiración por sus orificios nasales. Concentre después su atención sobre la zona entre las cejas, un poco detrás de la base de la nariz. Visualice cómo el oxígeno llega a ese punto (llamado «tercer ojo») y se concentra exactamente en él.

> Siga luego atentamente el trayecto de su respiración descendiendo progresivamente. Para una mejor percepción ponga una mano sobre el vientre –justo debajo del ombligo– y la otra sobre la región lumbar.

3 Gimnasia ocular

> Contraiga fuertemente los ojos y –durante esta tensión– detecte todos los pequeños músculos de alrededor. Des-

---

pués de tres segundos, relaje brusca y totalmente.

> Mientras disfruta plenamente de la relajación en esta zona, trate de imaginar que mira –con los ojos cerrados– alguna cosa muy lejana.

4 Alrededor de los ojos

> Coloque sus dedos mayores sobre la frente y efectúe un masaje con pequeños movimientos circulares. Continúe estos pequeños círculos alrededor de los ojos y de las sienes hasta el nacimiento de las orejas.

5 4ª etapa de placer: instantes luminosos

En realidad, ¿ya ha explorado o verificado todo lo que se puede sentir y vivir con los ojos? He aquí algunas ideas.

> **Ojos cerrados:** Cierre los párpados y sienta la suavidad del contacto con la piel. Viva esta sensación durante tres segundos. Después, vuelva a abrir los ojos y mire a su alrededor con curiosidad. Refuerce aún más estas sensaciones imaginando que se tumba sobre un colchón particularmente mullido mientras sus párpados se cierran.

> **Calor agradable:** Este ejercicio está particularmente indicado si sus ojos están expuestos a una luz demasiado agresiva. Frote enérgicamente sus manos durante unos diez segundos, y ponga luego las palmas así calentadas

¿Ojos que escuecen de fatiga? Es el momento de hacer una pausa para recuperar una visión clara.

sobre sus párpados cerrados. Sienta cómo quedan protegidos los ojos por una especie de corriente de calor bienhechor. Sea consciente de la relajación que penetra agradablemente con el calor en sus ojos y alrededor de ellos.

> Enjuague de ojos: Si tiene un lavabo cerca, póngase de vez en cuando algunas gotas de agua en los ojos. O bien humedézcalos provocando varios bostezos vigorosos (ver páginas 82/83).

6 Un horizonte nítido

> Afirme: «¡Ahora veo de nuevo muy bien!».

89

Cansado por hablar demasiado

Si está obligado a hablar mucho, sabrá apreciar la posibilidad de hacer pequeñas pausas de silencio. No sólo son beneficiosas para la voz, sino también permiten centrarse de nuevo en lo esencial. He aquí una serie de ejercicios específicos de RELAX:

1 ¡Silencio!

> Chasquee con la lengua como señal de una relajación relámpago. Al mismo tiempo, afirme interiormente: «Algunas veces callar es más eficaz que un alud de palabras».

2 Una ducha de aire por la boca

> Observe cómo pasa el aire por los labios antes de penetrar en la boca. Siga el paso de la respiración por toda la cavidad bucal hasta la tráquea.

> Si es posible, ejecute también el siguiente ejercicio: en posición sentada, ponga las manos bajo las nalgas. Después pronuncie el sonido [F], en el cual los incisivos se apoyan en el labio inferior. Module largamente el sonido y trate de sentir las vibraciones del mismo a través de todo el cuerpo hasta la pelvis y los glúteos.

3 Una lengua blanda

Cuando su lengua está relajada, la repercusión positiva en todo el cuerpo es inmediata y fácil de sentir.

> Apriete la lengua contra la pared del paladar, lo más alto posible, o sea lo más cerca de los ojos. Observe atentamente cómo se extiende la contracción.

APROVECHE, AQUÍ Y AHORA

¿Deja siempre para más tarde los placeres y los proyectos agradables? ¿Tanto si se trata de vacaciones como de la jubilación? Entonces, sin duda es el momento de ser consciente de todo lo que es posible desde hoy mismo. Por otra parte, su capacidad para aprovechar mañana las cosas buenas de la vida depende de su aprendizaje en este aspecto hoy mismo.

Deje resonar en su interior la frase «Mañana la situación no será mejor». A primera vista esta afirmación puede parecerle frustrante o restrictiva, pero, en realidad, puede ayudarle a ser consciente de lo que ya posee. Mire a su alrededor –aquí y ahora– y perciba claramente el gran número de satisfacciones a su alcance (por pequeñas que sean).

PREGUNTAS FRECUENTES

> ¿Pierde el placer su intensidad si llega a ser cotidiano?

No se inquiete. La naturaleza –que nos ofrece todos estos placeres y goces– es ilimitada, casi infinita, y nos sorprende constantemente con nuevos matices o nuevas variantes. Toda esta riqueza, todos estos recursos, están a disposición de quien –en su búsqueda de la felicidad– moviliza tantas fuerzas creativas para alcanzar los objetivos esenciales de su vida.

> Mantenga esta tensión durante unos cuatro segundos, y relájese espirando profundamente.

4 Explore su boca

> Pase suavemente la punta de la lengua por el borde de los dientes. Luego explore, muy lentamente, el paladar y las encías con la punta de la lengua. ¿Qué sensaciones o mensajes percibe? Repita esta exploración una vez más.

> Preste atención a su lengua: ¿Dónde está colocada? ¿Cómo la siente? ¿Ha encontrado una posición de relajación para ella?

5 5ª etapa de placer: oler

> Si está obligado a telefonear mucho, agarre de vez en cuando una fruta con la mano y huélala atentamente. ¿Qué olor tiene? ¿Qué aroma?

> Si no está solo y no puede oler tranquilamente sin llamar la atención, acerque una bebida a su nariz y aprecie el olor.

> Beba luego pequeños sorbos muy espaciados. En efecto, se aconseja encarecidamente beber algo entre dos conversaciones. Al beber, aproveche plenamente el frescor de cada sorbo y sienta que toda la boca queda limpia y purificada.

> ¿No hay nada que beber dónde usted está? Entonces imagine que chupa una rodaja de limón o un gajo de naranja.

6 Palabras relajadas

> Afirme mentalmente o en voz alta: «Lo que es importante lo digo de manera muy relajada (ya que sé perfectamente de qué hablo)».

Escuchar durante horas fatiga y provoca tensiones. Por tanto, feliz quien, gracias a pequeños ejercicios discretos, sabe relajarse y recuperar su concentración.

Dinamice sus orejas

¿Se fatiga fácilmente cuando tiene que someterse a largas horas de escucha? Refrescarse con el programa RELAX, de vez en cuando, renueva su capacidad de concentración.

1 Hacia el interior

> Ponga una mano sobre una oreja diciendo: «Dirijo mi escucha hacia el interior».

2 Sus orejas respiran

> Siga de nuevo durante algunos instantes los movimientos de su respiración. Sea consciente del frescor del aire que penetra en su boca y de su tibieza cuando sale de la cavidad bucal.

> Procure concentrarse en el espacio entre las dos orejas. Imagine cómo lo atraviesa el aire.

> Al mismo tiempo pase un dedo desde la punta de la nariz hasta la oreja.

3 Relajación de pies a cabeza

Si durante la pausa se encuentra solo en alguna parte, o tiene que telefonear mucho en su despacho, he aquí un ejercicio ideal:

> De pie, flexione lentamente las rodillas. La columna vertebral debe estar recta, y el torso inclinado muy ligeramente hacia delante.

> Observe atentamente cómo se contraen sus muslos y sus piernas. Flexione todo lo posible dentro de un movimiento agradable.

> Después, con la misma calidad de atención, elévese. Si todavía percibe tensiones residuales en las piernas, repita el movimiento.

En la posición de sentado también es fácil practicar una relajación discreta:

> Coloque los pies bien planos sobre el suelo, con las rodillas en ángulo recto y una mano sobre el muslo derecho.

> Ponga la pierna bajo tensión y trate de alargarla hacia arriba. Al mismo tiempo, ejerza presión con la mano sobre el muslo. Mantenga simultáneas estas dos tensiones durante unos tres segundos.

> Deje que se produzca la relajación y proceda de la misma manera por el otro costado.

4 Orejas abiertas

> Pase varias veces suavemente las palmas de las manos por la cabeza y la nuca.

> Luego, agarre la oreja entre dos dedos: el pulgar atrás y el índice delante.

> Comience su masaje estirando ligeramente el pabellón de su oreja en todos los sentidos; como si quisiera agrandarlo.

> ¿Están ahora sus orejas agradablemente tibias y llenas de vida? Si tiene la impresión de que su capacidad de atención deja siempre algo que desear, renueve el masaje.

5 6ª etapa de placer: captar los matices...

> Cree en su interior una especie de colección de olores y de aromas a los que pueda recurrir a voluntad, particularmente en caso de suspensión de su escucha obligada.

> Examine una manzana: ¿Tiene partes que huelen más intensamente o de modo diferente? ¿Qué le recuerdan estos olores?

> ¿Qué otros olores descubre en su entorno inmediato? ¿O piensa que puede encontrar otros aromas particularmente agradables?

6 Una oreja que selecciona

> Afirme con convicción: «Oigo todo lo que es importante, lo que es fútil lo dejo afuera».

A FAVOR DEL MOVIMIENTO

¿Hay en su vida aspectos en los que excluye cualquier noción de placer o de disfrute? ¿Tal vez se trate de ciertas zonas cronológicas donde haya tomado la decisión de meramente funcionar, con el fin de acabar lo más rápidamente posible? Frecuentemente éste es el caso al levantarse de la cama por la mañana (al ir a la ducha), durante las tareas rutinarias de limpieza o en el curso de ciertos trayectos en automóvil.

Tenga en cuenta que estas actividades monótonas y rutinarias también contienen pequeños placeres y satisfacciones potenciales, y que se le escaparán por completo si no está atento. Sería muy lamentable perder estas oportunidades.

INFORMACIÓN

Cómo tener la espalda relajada

¿Está contraída y dolorida su espalda cuando se ve obligado a permanecer sentado mucho tiempo? Para hacer desaparecer eficaz y rápidamente estas tensiones, practique algunos de los siguientes ejercicios del programa RELAX.

1 Una espalda bien recta

> Enderece bien la espalda y repita interiormente: «Me regalo estos instantes exclusivos para mí».

2 Fuente respiratoria

> Inspire y siga atentamente el paso de la respiración por su cuerpo. ¿Hasta dónde la siente?

> Espire y suba mentalmente a lo largo de la columna vertebral. Visualice entonces una fuente grande y preciosa, cuyo espectáculo es a la vez grandioso y relajante: puede admirar el agua resplandeciente y oír su alegre chapoteo...

> Sienta claramente cómo se ha enderezado un poco. Para terminar, ponga una mano sobre los hombros y deslícela lentamente sobre la nuca.

3 Relajación de la espalda

> Presione firmemente su espalda contra el respaldo de su silla. Contenga la respiración y la tensión unos instantes, y después afloje súbita y completamente. Recupere el contacto con el respaldo –esta vez sin presión– y detecte atentamente los puntos donde su espalda toca la silla.

> Eleve los hombros en dirección de las orejas. Sienta cómo se estira su columna vertebral hacia arriba y hunda al

INFORMACIÓN

RELAX RELÁMPAGO: ¡SEA USTED MISMO!

Cada persona es diferente, única. He aquí algunos ejemplos que demuestran hasta qué punto nuestra personalidad debe determinar e influir en la elección de los consejos y ejercicios RELAX.

Fijémonos en dos tipos de individuos: uno siempre correcto y bien estructurado; el otro, más bien inconformista y espontáneo. Las reglas estrictas, así como las instrucciones precisas, se adaptan perfectamente a una personalidad fuertemente estructurada. Por el contrario, los inconformistas y espontáneos contemplan esas reglas como exageradas y sofocantes. Por tanto, es imperativo que elija los ejercicios propuestos de acuerdo con su propia personalidad.

mismo tiempo un poco la parte alta de la espalda. Esto hará que su pelvis encuentre igualmente su vertical.

> A continuación, deje caer los hombros y permanezca receptivo a la relajación de la espalda.

4 ¡Mime a su espalda!

El aliento de la respiración no solamente mueve su vientre, sino también se propaga por la espalda. Cuanto más suave sea, más fácilmente podremos sentir la respiración en esta zona del cuerpo. He aquí un ejercicio que sensibilizará más esa espalda tan ignorada frecuentemente.

> Ponga las dos manos en la zona de las lumbares. Estire luego la espalda de modo que se hunda por su parte superior. Pase las manos por la espalda, desde arriba hacia abajo, suavemente al principio, y cada vez más vigorosamente. Al mismo tiempo que masajea, respire en esta zona y preste atención a las diferentes sensaciones.

5 7ª etapa de placer: colección de olores

Reúna literalmente una pequeña colección de olores agradables, ya que cuanto más solicite y entrene a su sentido del olfato, más fácil y agradablemente podrá estimularlo. Tendrá así, a su disposición, en todo momento, un completo abanico de olores y de perfumes para su nariz.

Los olores agradables tienen incontestablemente un efecto relajante. Cuanto más entrenado esté su sentido del olfato, más eficazmente contribuirá a su relajación.

> Guarde en un pequeño recipiente hermético –una cajita o un frasco– sus tesoros odoríferos, tales como flores secas, plantas aromáticas, aceites esenciales, pétalos de rosas, un pañuelo con su perfume preferido, etc.

> Huela frecuentemente este frasco. Lo mejor es confeccionarse una especie de archivo en el cual tenga clasificados sus perfumes preferidos, y tenerlo siempre a mano.

6 Perfectamente optimista

> Afirme mentalmente: «Hago frente a todo lo que se presente» o bien «Soy dueño de la situación».

Piernas fatigadas

¿Quién no conoce esa sensación desagradable cuando las piernas –después de mucho rato de estar de pie– duelen a causa de la fatiga? Si entonces no tiene la posibilidad de descansar pronto, generalmente las cosas empeoran. He aquí algunos trucos muy útiles.

1 Reconocimiento

> Mire recto hacia delante y recuerde, con reconocimiento: «¡Es formidable hasta dónde me han llevado ya mis piernas!».

2 Respire hasta la punta de los dedos del pie

> Concentre de nuevo su atención en su respiración. Sentado, pase lentamente las palmas de las manos por la ingle, el muslo, y después la rodilla. Luego agarre la pierna un poco por encima de ésta, elévela para sacudir el gemelo y el pie durante unos instantes.

> Coloque el pie en el suelo y cambie de lado.

> Si no tiene posibilidad de sentarse para hacer este ejercicio, he aquí un sustituto eficaz: imagine que la respiración atraviesa su cuerpo. Visualice cómo toca los contornos del interior descendiendo lentamente. Siga atentamente el trayecto hasta los dedos del pie. Sea consciente de que así se oxigenan y dinamizan todas las zonas de su cuerpo.

3 Tranquilo de los pies a la cabeza

> En posición sentada, extienda las piernas hacia delante, de manera relajada. Ponga luego «bajo tensión» a los músculos de las diferentes zonas de las piernas: los pies, los tobillos, los gemelos, los muslos. Mantenga cada vez esta contracción unos cuatro segundos.

> Sumérjase luego por completo en la relajación que sobreviene inmediatamente, y sea consciente de que toda tensión residual abandona su cuerpo.

4 Estiramiento de las piernas

Elija entre los ejercicios siguientes el que más le convenga según las circunstancias y la situación.

> **Ejercicio n° 1:** Siéntese en una silla con los pies apoyados en el suelo. Con las manos cruzadas, agarre una pierna doblada justo por debajo de la rodilla y estírela hacia usted. Observe atentamente el estiramiento del muslo. Repita dos o tres veces y pase a la otra pierna.

> **Ejercicio n° 2:** De pie, bien recto, acérquese a una mesa o a una pared, para apoyarse eventualmente. Doble la pierna derecha hacia las nalgas. Agarre el tobillo con una mano y acerque el pie a la nalga. Mantenga la posición durante unos cuatro segundos y cambie de costado.

Importante: Procure no hundir las lumbares y no se olvide de respirar regularmente durante el ejercicio.

> **Ejercicio n° 3:** Masajee suavemente sus gemelos y sus muslos por medio de movimientos circulares.

5 **8ª etapa de placer: poderse sentir**

Por lo general sabemos inmediatamente si podemos «sentir» a los otros, es decir, si nos sentimos bien en su presencia. Gracias al ejercicio siguiente, mejorará su olfato por su propio olor.

> He aquí un entrenamiento para aprender a sentirse agradablemente usted mismo. Aspire por la nariz durante unos instantes la piel de su mano o de su brazo y trate de encontrar la palabra que mejor califique su olor. Deje volar su imaginación y sus ideas libremente cuando compruebe: me siento bien como...

6 **Bien arraigado**

> De pie, busque su vertical y plante los pies sólidamente en el suelo. Así arraigado, constate: «Ya domino bien las cosas» o «Siento un equilibrio sólido».

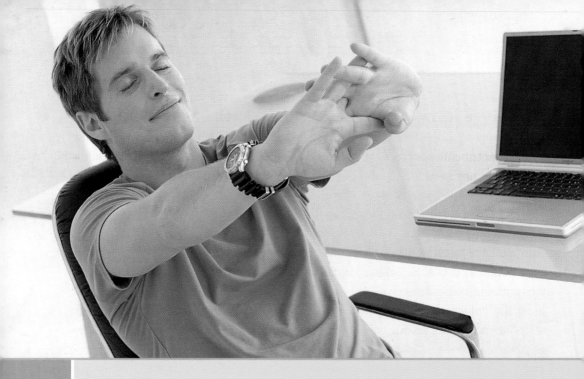

Reconocer las trampas del estrés y desactivarlas

Puede ser que comience su jornada de manera ideal: bien preparado y lleno de energía, y de pronto un acontecimiento inesperado y muy estresante le sacude brutalmente. Entonces es oportuno tener enseguida al alcance de la mano el remedio específico de RELAX.

La pregunta es: ¿Se puede encontrar verdadera e inmediatamente el modo de superar este tipo de trampas del estrés? Sí, es posible. Precisamente cuando se encuentre sumido en el estrés de un acontecimiento es cuando se ha de tomar perspectiva a fin de mantener la cabeza fría. Por ejemplo, si está muy agitado, se rá necesario actuar sobre la velocidad de sus tensiones emocionales.

Si se presentan tensiones en sus relaciones con los colegas, los amigos o la familia, unos medios muy sencillos le ayudarán a centrarse y a recuperar rápidamente la calma interior. ¿Acaso le cuesta especialmente dejar atrás sus preocupaciones profesionales? Los ejercicios RELAX apropiados le proporcionarán un apoyo eficaz. Las páginas siguientes contienen todas estas situaciones y ejemplos típicos de nuestra vida cotidiana, y le permitirán identificar su caso personal.

¡Fuera las preocupaciones!

Constantemente nos afectan inquietudes y otras angustias que nadie quiere. Son precisamente estas preocupaciones subyacentes, agazapadas en las «trampas del estrés», las que vamos a tratar ahora. Este temor provoca bloqueos y nos hace frágiles ante el estrés. En la base de casi todas nuestras angustias se hallan invariablemente inquietudes fundamentales: el temor al fracaso, el temor de equivocarse, el temor de ser abandonado. Todos ellos amenazan seriamente nuestra felicidad.

Pulverizar las preocupaciones

Pruebe estos tres sencillos métodos que han demostrado su eficacia en el aniquilamiento de los temores y de las angustias:

> Mire con un poco de perspectiva y sonría interiormente pensando en su manera personal de cultivar sus temores. El 92% de nuestras preocupaciones son completamente inútiles, ya que conciernen a algo que no puede cambiar, y por tanto no llegará jamás. El 8% restante son perfectamente superfluas, ya que la mayor parte del tiempo las cosas se desarrollan de modo completamente diferente, alterando nuestras previsiones. Ello exige, por nuestra parte, nuevas reacciones.

> Si una inquietud le afecta muy especialmente y no quiere abandonarle, debería aplicar la estrategia de la «huida». Imagine que ha llegado lo peor y visualice detalladamente cómo maneja la situación. Probablemente compruebe que no sólo continúa la vida, sino también se encontrará más fuerte que antes.

> Cuando se sienta atrapado por sus temores e inquietudes, procure ampliar su mirada más allá de su horizonte habitual. En cierto modo, se trata de cambiar de ángulo y de adquirir perspectiva. La verdadera serenidad interior no llegará más que a condición de superar la necesidad de seguridad o de éxito. Esta capacidad de ceder deberá ser objeto de un aprendizaje que nos acompañará durante toda nuestra vida.

Haga la selección

En primer lugar determine lo que es importante para usted:

> Lo que ya ha conseguido.
> Las experiencias que procuran el sentimiento de ser aceptado y protegido.
> Las afirmaciones amistosas y estimulantes.
> Las cosas bonitas que proporcionan placer.

Por el contrario, atribuya en el futuro menos importancia a los aspectos siguientes:

> Los temores abstractos, demasiado alejados de la realidad.
> Una aspiración demasiado fuerte para asegurar todos los aspectos de su vida.
> Los propósitos alarmistas y pesimistas

ajenos que nos influyen negativamente y siembran el pánico.

> La voz despiadada de los jueces y vigilantes interiores.

Disolución de los bloqueos mentales

Hay casos en que le da vueltas a su problema desde hace horas y, de repente, se queda en blanco. Es el bloqueo total, fenómeno completamente clásico, ya que toda esta tensión ¡acaba por hacer saltar sus plomos!

1 Libere la cabeza

> Diga interiormente: «Es el momento de relajar el cerebro…».

2 Respiración alternada

> Siga atentamente su respiración. Inspire. Con el pulgar de la mano derecha obstruya el orificio nasal derecho. Espire lentamente por el orificio nasal izquierdo.

> Antes de la inspiración siguiente, retire el pulgar y obstruya esta vez el orificio nasal izquierdo con el índice. Inspire por el derecho.

> Continúe así alternando: espiración por el orificio nasal izquierdo, inspiración por el derecho. Siga atentamente el trayecto del aliento en la espiración.

> Repita el proceso hasta que su respiración sea perfectamente libre y tranquila.

3 Dedos entrelazados

> Con las manos a la espalda, entrelace los dedos. Inclínese hacia delante y al mismo tiempo separe ampliamente los antebrazos.

> Mantenga esta contracción unos cuatro segundos antes de relajar bruscamente las manos. Tómese tiempo para sentir la relajación subsiguiente.

4 Tender hacia el infinito

> Incline la cabeza hacia la izquierda tratando de tocar el hombro con la oreja izquierda. No fuerce el movimiento más allá de lo que sienta como agradable. Apunte luego su brazo izquierdo hacia delante y trace con el índice un gran ocho acostado (símbolo del infinito).

> Repita el movimiento una o dos veces. Después incline la cabeza hacia el hombro derecho y empiece de nuevo.

5 9ª etapa de placer: colores frutales

> Vuelva a la fruta que había escogido para su aprendizaje del placer (ver página 83). Afine su percepción de los detalles: ¿De qué manera se tocan o se mezclan los diferentes colores? ¿Puede averiguar los motivos?

6 Totalmente relajado

> Afirme mentalmente lo siguiente: «Adquirir nueva perspectiva lo cambia todo» o «Mi margen de maniobra es suficiente».

GIMNASIA CEREBRAL
PARA REFRESCAR EL ESPÍRITU

El método de gimnasia para el cerebro ha sido desarrollado para disolver los bloqueos del conocimiento y de la memoria. A través de movimientos y de contactos específicos puede tonificar el potencial de sus actividades cerebrales. Ensaye estos tres ejercicios:

1. MOVIMIENTO CRUZADO

Este ejercicio dinamiza y tonifica los dos hemisferios de su cerebro y equilibra su capacidad de coordinación.

> Camine sobre el propio terreno elevando las rodillas al máximo. Cuando la rodilla derecha esté en el aire, tóquela con el codo de su brazo izquierdo doblado. El codo derecho tocará la rodilla izquierda y así sucesivamente. Es aconsejable continuar así durante unos ocho minutos.

2. MASAJE MEMORABLE

El masaje de la zona de las cejas activa la circulación sanguínea de la frente, y de este modo ayuda a estimular su facultad de memoria.

> Ponga los dedos índice y mayor sobre las cejas y efectúe un suave masaje con pequeños círculos en dirección de las sienes. Repita tres veces.

3. COORDINACIÓN

El ejercicio siguiente reequilibra y mejora la coordinación entre los dos hemisferios del cerebro.

> Separe los dedos de una mano y póngala sobre la parte superior de la cabeza. Luego eleve la mano unos 20 cm por encima de la cabeza y bájela lentamente hasta tocar de nuevo el cuero cabelludo. Comience de nuevo y procure hallar su ritmo en este doble movimiento.

> Al mismo tiempo que continúa este movimiento, coloque la otra mano sobre el vientre. Lenta y suavemente, trace círculos –en el sentido de las agujas del reloj– sobre el vientre. Después de unos quince segundos, cambie de lado y repita el ciclo completo una vez más.

Saber gestionar el fracaso

Puede ser que se sienta frustrado por no haber alcanzado pronto o plenamente el objetivo que se había fijado. Está insatisfecho y enfadado consigo mismo, así como con las circunstancias que, según usted, han contribuido a este fracaso. Así pues, conoce perfectamente las causas de este resultado insatisfactorio. Entonces será urgente abrirse a otros aspectos de su realidad.

1 Decisión

> Repita interiormente: «Decido no enfadarme más».

2 Suspiros de alivio

> Siga con atención el trayecto de su respiración a través de todo el cuerpo.
> En la siguiente espiración incluya un suspiro profundo que abarque todo lo que le pesa y le preocupa. Visualice cómo toda esta carga abandona muy efectivamente su cuerpo.

3 ¡Abra los brazos!

> Cruce los brazos sobre el pecho, de modo que cada mano agarre la parte alta del brazo opuesto. Presione fuertemente los brazos con las manos y mantenga esta tensión en el tórax y los brazos poco más o menos durante cuatro segundos.

> Relájese totalmente de golpe y después abra los brazos. Piense en todo lo que le ha atenazado anteriormente, y reflexione sobre aquello a que le gustaría abrirse desde ahora.

4 Brazos elásticos

> Con los dedos separados, eleve los dos brazos en cruz. Al llegar a la horizontal, gire las palmas hacia el cielo de modo que los pulgares apunten hacia atrás. Sea bien consciente del estiramiento en los brazos y los hombros.

> Siempre en la misma posición, efectúe una especie de balanceo elástico de las palmas hacia arriba, como si quisiera lanzar unas bolitas ligeras al aire. Mantenga este movimiento durante unos siete segundos.

5 10ª etapa de placer: miradas de fuego

> Escoja algo en su entorno cuya visión le calme, a causa de su ritmo tranquilo y de su belleza pura. Algo que sea tan perfecto que no haya nada que modificar.

> Cree, por ejemplo, un ritual consistente en encender una vela cada vez que se sienta frustrado. Sea sensible a su calor y a su luminosidad hasta que note que le afecta en su interior.

> Si no dispone en este momento de una vela, una simple cerilla o la llama de un encendedor podrá transformar su frustración en un instante de luz.

6 Armas antifrustración

Elija una afirmación que corresponda a su personalidad y que pueda desactivar su frustración de modo inmediato y muy concreto:

«Los rodeos involuntarios mejoran la capacidad de orientación».

«Precisamente una jornada que se creía perdida puede revelarse decisiva».

«Nada es inútil».

«Lo que ha pasado debía pasar».

«Mis fracasos son los que me hacen evolucionar».

«No hay mal que por bien no venga».

«Si la vida te da un limón, ¡transfórmalo en limonada!».

«Con las piedras que obstaculizan el camino, puedes construir cualquier cosa».

«Sólo el error que no corregimos es verdaderamente un error».

«Nada me ha enseñado tanto como mis fracasos».

«Aparte de este desastre, tengo muchos triunfos en mí activos».

«Nada se resiste a la perseverancia».

«No todos mis deseos y objetivos deben cumplirse necesariamente».

«Si una puerta se cierra, se podrá abrir al menos una ventana».

«La próxima vez lo haré mejor».

> ### ¿Ocupa la frustración un lugar en su vida?

Solamente hay un medio infalible para evitar toda frustración: no esperar nada de la vida. Pero quien no espera, no vive. Por tanto, dado que siempre alentamos ciertas esperanzas, y que fatalmente habrá circunstancias que impidan su realización, lo mejor es aceptar que las frustraciones forman parte integrante de nuestra vida.

> ### ¿Cuáles son las «trampas de frustraciones» más corrientes?

¿Quizá forma parte de los que imaginan poder alcanzar un objetivo más fácilmente de lo que es en realidad? ¿O quizá sobreestima la influencia que tiene? ¿Sobredimensiona el apoyo que ha conseguido verdaderamente? ¿Dónde se localizan sus trampas de frustraciones personales?

> ### ¿Sabe evolucionar gracias a sus frustraciones?

Cuando algo no se consigue, es necesario ampliar su propia perspectiva o cambiar de punto de vista. Por ejemplo, puede ser útil tener en cuenta sus límites personales: cada individuo tiene los suyos. O bien, cese de compararse con otros, ya que sabe desde ahora que es una persona única.

Esperas y exigencias

¿Se ha encontrado alguna vez en una situación totalmente inextricable, sin salida? Decidirse a favor de una acción parece primordial, pero otras esperas cuelgan por el lado opuesto. No siempre es fácil determinar las prioridades.

1 Conozco mis límites

> Repítase regularmente frases tales como: «Quiero ser martillo, no yunque», y con cierta insistencia: «Procuro no ilusionarme con esperanzas demasiado grandes».

2 Inspiración positiva

> Ponga una mano sobre el vientre y otra sobre el pecho. Sienta qué mano se mueve más fuertemente por el impulso de su respiración.

> Durante la inspiración, piense: «Solamente admito...», complete luego la frase al espirar: «...lo positivo». De la misma manera que expulsamos todo lo que es inútil o usado con la espiración, podemos seleccionar lo que deseamos aceptar de fuera.

3 Desatar la presión

> Cruce los dedos. Luego estire los brazos horizontalmente delante de usted ejerciendo una presión con los dedos sobre los metacarpos.

> Aumente aún más esta presión y manténgala durante cuatro segundos.

> A continuación, relájese completamente. ¿Hasta qué punto se relajan las manos, y hasta dónde puede sentir cómo se extiende la orden de relajación por todo el cuerpo?

4 Estiramiento

> Eleve un brazo hasta la vertical, dóblelo en ángulo recto y deje caer la mano detrás de la cabeza.

> Luego agarre con la otra mano su codo por arriba, y ejerza una suave presión hacia abajo. Su mano se desliza a lo largo de la columna vertebral y masajea los puntos así accesibles. Sea consciente del estiramiento de toda la parte superior del brazo.

> Abandone lentamente la posición, observe la profunda relajación del brazo y pase al otro costado.

5 11ª etapa de placer: su colección de imágenes

> Coloque alrededor de su despacho fotos e imágenes susceptibles de proporcionarle sensación de amplitud. Todo va bien: fotos de vacaciones, tarjetas postales o dibujos. Sólo importa que su contemplación sea placentera y evocadora.

> Mire con frecuencia estas imágenes y descubra cada vez nuevos detalles. Es sorprendente hasta qué punto algo conocido puede transformarse de esta manera en una fuente de placer visual siempre renovado.

> Si es posible, mire de vez en cuando una imagen de usted mismo. Ya sea una foto de su infancia, o bien cualquier otra foto que le muestre en una situación relajada y agradable.

> Mientras contempla las fotos, deje que acuda a su mente la palabra «des-preocupación». Al mismo tiempo, visualice que toma un trozo grande de pastel, y que lo saborea con placer.

6 Confianza

> Declare: «Puedo decidir por mí mismo lo que es importante para mí».

HAGA COEXISTIR SUS PERSONALIDADES

Usted sabe que su personalidad implica diferentes facetas. Sucesivamente, y a veces simultáneamente, juega diferentes roles, de los cuales algunos entran en conflicto con otros. He aquí cuatro medios para mejorar la armonía.

> **1. Aprecie la riqueza de una personalidad múltiple**

Tómese algunos instantes para reflexionar sobre los diferentes roles que ha interpretado en el curso de la semana pasada. Para ayudarse, construya frases comenzando por «Yo soy...». Cuando haya hecho balance de sus diferentes roles (en el seno de su familia, en el trabajo, con sus amigos o vecinos) apreciará la riqueza y la diversidad de su vida.

> **2. Mantenga la distancia con respecto a cada rol**

Incluso aquellos objetivos que consideramos extremadamente importantes no lo son más que durante cierto tiempo. La vida, su vida, continúa en cualquier caso. Esta concepción le evita una dependencia demasiado fuerte, del trabajo por ejemplo.

> **3. Renuncie a buscar sistemáticamente un culpable**

Cuando dos de sus personalidades o roles entran en conflicto, no pierda tiempo ni energía buscando un culpable.

> **4. No quiera contentar sistemáticamente a todos**

Renuncie de una vez por todas a querer satisfacer de modo total y absoluto las expectativas de los demás (incluidas las suyas). Tal actitud le proporcionará la serenidad necesaria para la realización de sus aspiraciones esenciales, atribuyéndoles la importancia y la prioridad que merecen

INFORMACIÓN

Siempre paso a paso: tome el pulso a su vida interior.

Cómo gestionar las interrupciones

Apenas se ha sumergido en el estudio de sus documentos, llega alguien, una vez más, que le interrumpe. Es perfectamente comprensible que estas interrupciones, sobre todo si se repiten, provoquen una gran insatisfacción, ya que usted tiene la impresión de que no avanza y que no ha conseguido nada.

1 Establecer prioridades

> Repítase a sí mismo: «Cuando estoy re-

lajado puedo ver mejor lo que es verdaderamente importante».

2 Cada respiración calma

> Concéntrese en su respiración y trate de sentir los latidos de su corazón. Observe también todos los movimientos de su cuerpo, por mínimos que sean. Es fácil tomarse el pulso en la muñeca o bien colocando los dedos índice y mayor sobre el cuello (ver foto).

> Al inspirar, repita: «Con cada respiración...», y después complete la frase al espirar «...me siento cada vez más calmado».

3 Empujar y soltar

> De pie, apoye las dos manos planas sobre una mesa delante de usted. Luego cargue todo su peso sobre la mesa como si quisiera hundirla en el suelo. Mantenga esta presión durante unos cuatro segundos antes de aflojar de golpe. Siga atentamente la relajación que se extiende por las diferentes zonas del cuerpo que ha ejercitado.

4 Una espalda fuerte

> De pie, apoye su espalda contra una pared y ejerza una buena presión. Cuando este apoyo sea sólido, doble las rodillas y descienda lentamente. La espalda permanece pasiva.

> Cuando los muslos estén prácticamente horizontales, suba deslizándose lentamente a lo largo de la pared. Cuanto

más movilice las piernas, más profundamente podrá relajar la espalda. Repita dos veces.

5 12ª etapa de placer: juegos oculares

Si practica regularmente, por orden, los tres ejercicios siguientes, mejorará su capacidad de ver las cosas con precisión.

› **Focalizar:** Al principio mire rápidamente hacia un objeto muy alejado (a través de la ventana, por ejemplo), y después extienda la mano a unos 30 cm de su rostro. Alterne rápidamente la visión lejana con la cercana, con lo cual se dinamiza de nuevo el cristalino, que recupera su capacidad de adaptación.

› **Un espacio de calma para los ojos:** Busque en su entorno próximo un punto, o más bien una superficie, cuyo color le guste. Mírelo durante algunos instantes. En el curso de la jornada, sus ojos apreciarán este pequeño remanso de paz que concede reposo de la cantidad de movimientos rápidos continuamente cambiantes.

› **Cambie de ángulo:** Cierre los ojos y visualice el espacio entre sus cejas. Abra luego un ojo, y mantenga cerrado el otro. Mire a su alrededor. Operación inversa: cierre el ojo abierto, y abra el otro para realizar una visión panorámica. Sea consciente de que cada ojo tiene un ángulo de vista diferente. Parpadee varias veces para finalizar.

6 Autonomía

› Diga interiormente «No obedezco más que a mí mismo».

NO SUFRA POR TODO

¿Cómo reacciona cuando –atareado con un asunto difícil– cada cinco minutos le estorba un familiar, un colega o una llamada telefónica? Si en cada momento, y a la vez, quiere contentar a todo el mundo, el fracaso está asegurado. No sólo su insatisfacción irá en auge, sino tampoco podrá atender realmente a quien acaba de interrumpirle, ya que usted quiere seguir concentrado en su trabajo. Su interlocutor se dará cuenta y también quedará descontento.

Es mejor ponerse de acuerdo y fijar algunas reglas. Así, puede proponer: «Déjeme veinte minutos para acabar este trabajo, y enseguida examinaremos su problema». Comprobará que, veinte minutos más tarde, todo irá bien para todo el mundo. Una trivialidad, pero que no por ello deja de ser verdad: solamente sus «no» hacen verdaderamente válidos a sus «sí».

IMPORTANTE !

Gracias al programa RELAX, vuele por encima de las nubes cuando esté atrapado en un atasco.

Permanezca sereno ante un atasco

Yendo en su automóvil se ve atrapado en un atasco enorme. Una dura prueba para sus nervios, pues tiene una cita importante y cada minuto que pasa sube la tensión.

1 Tranquilo interiormente

> Quizá sería útil colocar en alguna parte de su coche una pequeña señal que le recordase las boyas RELAX que le ayudarán a no sucumbir a un naufragio emocional. Cuando las ruedas de su vehículo avancen lenta y desespera-

damente, repita mentalmente: «Esperar con serenidad».

2 Respire con las nubes

> Concentre su atención en la respiración. ¿Es tranquila o ya algo agitada? Mire al cielo por encima de usted. Si hay nubes, siga sus movimientos.
> Imagine que está acostado sobre una nube suave y algodonosa. Le transporta y todo es ligero y etéreo.
> Imagine que se deja caer en esta nube como si fuera algo particularmente suave y agradable. O bien se ve caminando sobre la nube.

> Ciertas zonas de su cuerpo son particularmente permeables al flujo respiratorio. En otras la respiración tiene dificultades para pasar. Detecte los lugares que bloquean y recorra atentamente todo su cuerpo.

> Pronuncie el sonido [mmm] alargándolo y observe dónde y cómo esta consonante vibra en su cuerpo.

3 Agarrar y soltar

> Agarre el volante con ambas manos y ejerza una buena presión desde los dos lados hacia el centro. Mantenga la tensión durante cuatro segundos y suelte. Deje resonar la relajación durante algunos instantes.

> Ahora apoye el cráneo contra el apoya cabezas. Su columna vertebral se ahuecará un poco. Mantenga esta contracción durante cuatro segundos. Luego, déjese caer suavemente sobre el respaldo de su asiento. Aprecie la relajación que invade todo su cuerpo.

4 Flexibilidad en las caderas

> Sentado al volante, gire el torso todo lo posible manteniendo recta la pelvis. Los hombros siguen el movimiento lateral. Después de una breve parada, vuelva a la posición inicial y comience de nuevo por el otro lado.

5 13ª etapa de placer: a la escucha de lo inaudible

> ¿Tiene su manzana del placer? Enton-

ces frote toda su superficie con las uñas o rasque suavemente la piel. ¿Escucha algo? Repita una vez más y preste oído atento a estos ruiditos.

> ¿No tiene ninguna manzana al alcance de la mano? Entonces frote las manos una contra otra o rasque un lugar de su cuerpo: ¿Qué ruidos percibe?

6 Pequeña filosofía para la espera

> Escoja entre las afirmaciones siguientes la que mejor le convenga:
«Lo esencial no se bloquea nunca».
«En la autovía de mi relajación, mantengo fluida la circulación».
«La paciencia me hace verdaderamente fuerte».
«Nada me impedirá aprovechar plenamente el presente».

UNAS IDEAS MÁS ANTIATASCO

> Escuche su casete o su CD preferido.

> Tararee o cante una melodía que recuerde espontáneamente.

> Si va acompañado, piense sobre qué tema le gustaría charlar con la otra persona.

> Consulte también nuestras «ideas para las esperas obligadas» de la página 64.

CONSEJO

Cuando le falta tiempo

Aún le queda un informe por concluir hoy. Se ha retrasado y trabaja contra reloj. Cuanto más se apresura, más aumenta su nerviosismo y más disminuye su eficacia. A continuación vea los recursos de urgencia de su programa RELAX.

1 ¡Suspéndalo todo!

> Con los dedos entrelazados, cruce las manos delante del pecho. Imagine que ahuyenta su falta de tiempo y extienda las palmas hacia delante. Diga mentalmente: «Suspendo el tiempo».

2 Verifique su respiración

> Siga tranquilamente el ritmo de su respiración. Observe si respira deprisa o despacio. Imagine que delante de sus ojos hay un contador cuya aguja va de 0 a 100 (respiración extremadamente rápida): ¿Dónde ve el ritmo de su respiración actual?
> Si la aguja va hacia los valores elevados, continúe observando el contador: a menudo basta concentrarse en la respiración para ralentizarla.

3 Sea dueño del tiempo

> Con la mano derecha, rodee el reloj de su muñeca izquierda. Si no lleva reloj en la muñeca, sujete uno con la mano. Apriete el reloj cada vez con más fuerza. Mantenga esta tensión cinco segundos, después suelte de golpe y sea plenamente consciente de la relajación subsiguiente.

Importante: Procure que su reloj no se transforme en esposas cronometrando su carrera contra reloj.

4 Estiramiento dorsal

> De pie, cruce los brazos delante del pecho agarrando los bíceps con la mano opuesta. En esta posición, eleve los brazos por encima de la cabeza. Después, estire suavemente brazos y hombros hacia delante, sin mover la cabeza. Mantenga la tensión durante unos seis segundos. Sea consciente del estiramiento de la parte alta de la espalda.

5 14ª etapa de placer: los ruidos imperceptibles

> Preste atención a los ruidos de su alrededor. Haga inventario sin descuidar los sonidos flojos y casi inaudibles.
> Con un lápiz, golpetee ligeramente sobre un mueble. Observe la amplitud y la naturaleza de los sonidos provocados.

6 Alto a la agitación

> Defina su leitmotiv personalizado contra la agitación:
> «La fuerza reside en la calma».
> «Me despido de la agitación».
> «Si estoy presionado, ralentizo mi acción».

PREGUNTAS FRECUENTES

> **No comprendo lo siguiente: ¿Por qué me retraso tan frecuentemente
> y estoy bajo presión al notar que me falta tiempo?**

Cuando programe su distribución del tiempo, en principio debería añadir
sistemáticamente un 40 % de tiempo suplementario a fin de hacer frente a cualquier
incidente imprevisto: una interrupción, una urgencia, una avería. Dado que la mayor
parte del tiempo descuidamos asegurarnos este tipo de confort cronológico, no es muy
sorprendente que la falta de tiempo nos aceche.

> **¿Cómo puede funcionar la disminución del ritmo cuando me retraso
> y sube la presión?**

Los excursionistas de montaña saben que un ritmo moderado y regular fatiga menos que
una ascensión rápida y agitada. Un ritmo regular apenas exige pausas, mientras que un
esfuerzo irregular impone paradas frecuentes. Esto también es válido para todos los
aspectos de la vida: Si queremos progresar –tanto en la jornada como en la vida– un
avance lento y regular produce de lejos los mejores frutos. Especialmente en caso de
obstáculos es aconsejable reducir un poco la velocidad. En cada situación existe una
zona verde en la cual somos eficaces y creativos (ver páginas 29 y 30). Si nuestro ritmo
es extremadamente elevado o sumamente lento, esto significa que estamos muy
agitados o totalmente apáticos. Se consigue un buen progreso cuando estamos bien
equilibrados y en un estado de satisfacción y calma.

Atrapado por los conflictos

Suponga que discute con alguien. El conflicto apenas ha empezado, y usted se da cuenta de que despilfarra gran cantidad de energía emocional.

1 Alto a la cólera

> Diga interiormente: «Nadie será capaz de encolerizarme».

2 Respiración sonora

> Concentrado en el ritmo de su respiración, imagine que un consejero –que forma parte de usted mismo– se le acerca y le pone suavemente la mano sobre el hombro. ¿Qué le podría decir entonces su mirada expresiva?

> Acompañe su respiración con un sonido. Por ejemplo, pronuncie la sílaba «Jaaaaa» cuando inspire y «Tuu» al espirar. Por supuesto, puede reemplazar estas sílabas por otras de su elección. Es importante que se adapten bien al ritmo de su respiración.

> ¿Acaso prefiere subrayar su determinación de no dejarse dominar? Acompañe entonces su inspiración con un largo «Aloooos...» que puede ser meramente mental y su espiración con un «...qué!!!!».

3 Golpee con el pie

> Siéntese en una silla. Golpee entonces alternativamente con los pies sobre el suelo, cada vez más deprisa. La intensidad del ruido no tiene importancia.

> Observará que se concentra en sus muslos una tensión creciente. Cuando ya no aumente, relájese bruscamente. Visualice cómo toda tensión se esfuma de su cuerpo.

Complete la relajación sacudiendo las piernas.

4 Extensión del brazo

> Siéntese con el hombro derecho en ángulo recto con respecto a una mesa. Su brazo en extensión se apoya sobre esta mesa.

> Ponga la mano sobre la mesa, lo cual provoca un estiramiento del hombro y del brazo. Fuerce el alargamiento del

brazo y gane unos centímetros. Su cuerpo no se mueve, y el alargamiento es resultado del mero estiramiento del hombro. También se abren las articulaciones del brazo.

5 15ª etapa de placer:
escoger el buen tono

¿Posee una colección de sonidos agradables? Sin duda piensa inmediatamente en sus CD preferidos, cuya audición hace subir infaliblemente el barómetro de su humor. Sin embargo, existen métodos disponibles no importa dónde ni cuándo.

> ¿Qué melodía le proporciona relajación y buen humor? Recupere su recuerdo y tararee unas estrofas.

> ¿Acaso prefiere producir otros ruidos o sonidos que le evoquen suavidad y armonía? Por ejemplo, acariciar la piel, golpetear sobre un mueble o balancear suavemente los pies.

> Un tercer método: contemple una imagen y deje surgir los sonidos (quizás imperceptibles) que evoca la escena. Así puede escuchar el ulular del viento, los chapoteos del agua o la risa de la persona de la foto.

6 Así va mejor

> Poco a poco, su sentimiento negativo se funde como la nieve al sol. Para completar aún más este proceso, elija una de las afirmaciones siguientes y pronúnciela claramente en voz alta:

«Reivindico mi opinión».

«Cada uno de nosotros tiene la misma importancia y el mismo valor».

«Mi lugar aquí es una evidencia indiscutible».

«De todas maneras, soy una persona que vale».

> ¿Con cuál de estas frases no está de acuerdo y por qué?

PREGUNTAS FRECUENTES

> **¿Cómo explicar la frecuencia de los conflictos teniendo en cuenta que la mayoría de nosotros no aspiramos en el fondo más que a unas relaciones armónicas?**

Tenemos necesidad de existir y de lograr la aprobación de los demás. Tenemos miedo de pasar desapercibidos. Buscamos constantemente demostrar el valor y la importancia de nuestro trabajo y de nuestra persona. En realidad, muchos conflictos se revelan inútiles si aceptamos un hecho: ¡Nadie puede probar, ni necesita hacerlo, que vale más que otro!

INFORMACIÓN

Cómo soportar a las personas con mal humor

Algunas veces es imposible escapar al mal humor y al comportamiento negativo de nuestro prójimo. He aquí algunos consejos RELAX para protegerse ante esta actitud:

1 Autoconcentración

> Diga: «Llego a concentrarme completamente en mí mismo».

2 Buena elasticidad

> Sienta el aire que aspira y que sube por sus orificios nasales. Evoque la imagen de una anilla de goma: al ser elástica se adapta y mantiene juntas las cosas. Pero si la utiliza con demasiada frecuencia, acabará por perder su elasticidad y se romperá.

> Ponga la mano derecha justo debajo del esternón. Ponga la otra mano –a la misma altura– en la espalda. Perciba el espacio entre las dos palmas y el movimiento de la respiración que la atraviesa.

3 Relajación de las piernas

> En la posición sentada ponga las manos sobre los muslos. Alargue las piernas y estire los dedos de los pies hacia usted. Extienda luego las dos piernas, de modo que los talones no toquen el suelo.

> Ejerza después con las manos una fuerte presión sobre los muslos para hacer contrapeso.
Mantenga esta contracción unos cinco segundos.
Afloje y deje actuar profundamente a la relajación.

4 Acercamiento de omoplatos

> De pie, cruce las manos por la espalda y eleve los brazos extendidos. Se alejan del cuerpo, lo cual provoca un acercamiento de los omoplatos y un avance del esternón. Repita tres veces al menos.

5 16ª etapa de placer: a la escucha de sí mismo

> Póngase a la escucha de los sonidos que emanan de sí mismo. ¿Qué ruidos o sonidos aprecia particularmente?

> Esté atento, escuche bien, el sonido de su voz cuando hable. ¿Cómo oye su propia voz?

> ¿Qué expresan el timbre y la inflexión de su voz?

> «Salga» de su cuerpo y obsérvese con interés: considere el ejercicio como un juego.

6 Con seguridad

> Declare: «¡Nada ni nadie podrá estropearme esta jornada!» o «¡Cualquiera que sea la adversidad, es una jornada excelente!».

CINCO ERRORES QUE GENERAN FRUSTRACIONES

El hecho de que estemos descontentos de modo tan rápido y fácil con nosotros mismos y los demás se debe a que, entre otras causas, nuestras concepciones y expectativas nos frustran más de lo que nos motivan. ¿Tal vez comete alguno de los errores siguientes?

ERROR Nº 1: LOS DEMÁS DEBEN CAMBIAR PARA QUE YO PUEDA SER FELIZ

¿Ha considerado ya que es posible que la persona que tiene enfrente no pueda cambiar? Por otra parte, es legítimo que ella se resista si usted se muestra demasiado exigente, ya que tampoco tendrá ganas de ceder.

ERROR Nº 2: SÓLO UN SER EXCEPCIONAL PUEDE AYUDARME O HACERME FELIZ

El príncipe de los cuentos de hadas no es más que un mito. Solamente con personas tan corrientes como nosotros tendremos relaciones interesantes y cordiales.

ERROR Nº 3: A FIN DE CUENTAS, ESTOY TOTALMENTE SOLO

Nadie es una isla; nadie está completamente aislado. Cada uno se relaciona en su vida con algunas personas importantes, a pesar de los abandonos y las decepciones.

ERROR Nº 4: DE CUALQUIER MANERA, NADIE ME COMPRENDE

En realidad, no nos comprendemos nunca del todo. Es un hecho lógico que hay que tratar de integrar: es evidente que no tenemos los mismos conceptos y no expresamos las mismas cosas con palabras aparentemente idénticas. Todo irá mucho mejor desde el momento en que aceptemos que la comprensión mutua tiene sus límites.

ERROR Nº 5: NO QUIERO DECEPCIONAR

Todavía más trágicas que nuestras carencias son nuestras pretensiones perfeccionistas con respecto a los demás y a nosotros mismos. Viviremos mejor, no porque no cometamos más errores, sino porque seremos más conscientes de nuestros límites, y los aceptaremos.

Cuando falla el *feedback*

Es un placer trabajar cuando recogemos la aprobación y la satisfacción de los demás. Todo se vuelve más penoso y más cuesta arriba cuando a uno no le recompensan, y deja cruelmente de recibir el

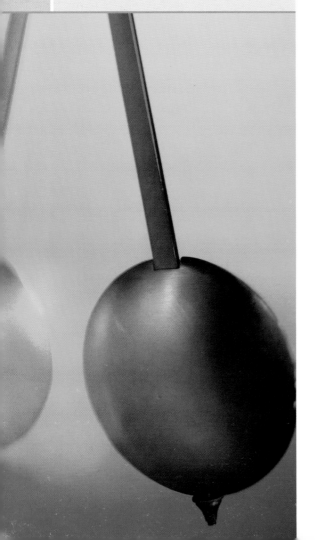

Respiración acompasada: Deje que su respiración vaya y vuelva con la regularidad de un péndulo.

feedback que revaloriza. Entonces ni siquiera está seguro de haber emprendido el buen camino o de haber tomado la decisión correcta. Y tal vez ya no sea cuestión de relajación…

1 Optimismo

> Diga para sí mismo: «De aquí a poco tiempo, lo veré perfectamente claro».

2 Ping-pong respiratorio

> Sea consciente del movimiento regular de su respiración. Piense al mismo tiempo en los movimientos lentos y regulares del péndulo de un reloj de pared.

> Ponga las palmas de las manos planas sobre el pecho, justo por debajo de las clavículas. Durante algunos segundos, permanezca concentrado en el interior de las palmas.

3 Piernas al aire

> Siéntese y extienda las piernas hacia delante. Eleve las dos piernas al mismo tiempo y aumente la contracción. Esto produce el efecto de elevarlas todavía un poco más. Mantenga la tensión durante unos cinco segundos.

> Deje caer las piernas de golpe –con los pies aterrizando sobre el suelo– y observe la relajación que se propaga por sus piernas.

4 Abertura de los hombros

> Eleve un brazo hasta la vertical, doble

LA MIRADA DE LOS DEMÁS

Durante toda nuestra vida nos interrogamos sobre nuestra importancia a los ojos de los demás. Soportamos mal la idea de ser desdeñados. Es casi imposible liberarse por completo de la importancia de la mirada del prójimo sobre nosotros, sobre nuestras acciones y sobre nuestra valía. En realidad, se trata más bien de encontrar la buena dosificación de esta dependencia: quien depende esencialmente de este reconocimiento por parte de los demás difícilmente hallará su plenitud. Persistirá la sensación de ser tratado injustamente por la vida.

el codo por detrás de la cabeza y ponga la mano sobre las cervicales.

> Con la punta de los dedos de la otra mano, ejerza seguidamente una suave presión sobre el codo hacia atrás.

> Repita este estiramiento tres veces por cada lado. Inspire al estirar, y espire al relajar.

5 17ª etapa de placer: morder con fuerza

¡Por fin ha llegado el momento de morder esa manzana tan observada y tan deseada!

> Visualice mentalmente cómo la florecita se metamorfosea poco a poco en una bonita fruta. Piense en la multitud de rayos solares que han incidido sobre esa manzana. Después, cierre los ojos e imagine que estos rayos solares también inciden sobre usted.

> Ahora vea con la imaginación cómo se ha recolectado esa manzana. Estírese un poco al mismo tiempo. O intente imaginar que la manzana ha caído sobre la hierba al estar muy madura.

> A continuación, observe atentamente lo que sucede cuando muerde la fruta. ¿Cómo es el primer contacto con la lengua (dulce, ácido, azucarado, jugoso, tibio, fresco...)? Sienta cómo sus dientes extraen el zumo de la pulpa. Siga un poco el trayecto de los trocitos de manzana cuando los ingiera.

6 Animarse

> Considere cuál de estas afirmaciones le afecta de un modo u otro:

«Desde el momento en que he hecho todo lo posible, ¡ya he ganado!».

«Actúo de acuerdo conmigo mismo».

«Soy capaz de hacerlo, y eso ya es mucho».

«Lo hago todo tan bien como puedo y quiero».

«No podemos realizar grandes cosas. Simplemente pequeñas cosas con mucho amor».

«Puedo realizar algo extraordinario».

Un alud de preocupaciones desde la mañana

Seguramente le ha sucedido alguna vez que apenas se ha levantado por la mañana, le asaltan de nuevo las preocupaciones que había aparcado la noche anterior, decididas a no abandonarle. En ese caso, he aquí algunos remedios.

1 Pista libre con RELAX

> Mientras el «molino de preocupaciones» gira en su cabeza, pregúntese interiormente: «¿Acaso no hay nada más interesante?».

> Acaricie suavemente un pie con el otro estando receptivo a las sensaciones agradables.

> O bien, pase lentamente el dedo gordo de un pie por la planta del otro. También puede trazar algo, como por ejemplo una «R» de RELAX que le acompañará a todo lo largo de la jornada.

2 Busque el centro

> Acompañe atentamente su respiración, sin modificarla. Al mismo tiempo que siente el movimiento de la respiración, imagínese a una mariposa que vuela de flor en flor.

> Mariposee así a través de todo su cuerpo. ¿Dónde puede sentir una especie de centro en este cuerpo?

> ¿Acaso percibe este centro justo por debajo de su ombligo? Sienta su respiración en esta zona después de haber colocado una mano sobre el vientre y la otra detrás, sobre la región lumbar.

3 En buenas manos

> Cruce las manos sobre la parte posterior del cráneo. Ejerza luego presión con la cabeza hacia atrás, haciendo resistencia con las manos. Manténgala durante unos cuatro segundos.

> Afloje la presión y adquiera clara conciencia de sus manos suaves y cálidas que tocan su cabeza. Sienta que este contacto le proporciona un sentimiento de seguridad y de protección.

4 Volteretas

> Está acostado en su cama. Doble las rodillas y estírelas suavemente hacia el vientre. Acurrúquese en la posición fetal e imagine que es un pequeño ser a punto de venir al mundo; a entrar en la vida.

> Después comience a estirar cada vez más profundamente todas las partes del cuerpo en todos los sentidos.

Agrándese, adquiera volumen y lugar y siga atentamente las repercusiones de estos estiramientos.

**5 18ª etapa de placer:
el gusto de las cosas**

Empieza una nueva jornada. Sin duda aportará cosas, y no todas ellas serán de su gusto, pero no podrá cambiarlas. Razón de más para comenzar la jornada con algo agradable y sabroso.

> ¿Hay al lado de su cama una botella de agua mineral? Entonces, beba lentamente y con satisfacción un trago, como una especie de anticipo de los aspectos refrescantes que le depara esta jornada.

6 Un comienzo motivado

> Declare: «Siento plenamente mi vitalidad, mi fuerza y mi atractivo» o «También me esperan alegrías».

ORIENTAR LA RELAJACIÓN

> Se recomienda encarecidamente impedir la invasión de las preocupaciones desde el mismo momento de levantarse. Para comenzar, frote enérgicamente una contra otra las palmas de las manos y piense en los problemas que quiere descartar por el momento.
> Mire sus palmas abiertas y pregúntese qué acontecimiento agradable le reserva esta nueva jornada. Incluso si ésta se presenta completamente ordinaria, seguro que descubrirá algo que le proporcionará placer.
> O bien piense en una actividad que le espera y que usted sabe que le proporcionará una gran satisfacción. Viva la perspectiva de este placer.
> Si realmente no ve nada satisfactorio en perspectiva, programe muy concretamente algo agradable.
> Imagine lo más claramente posible las sensaciones agradables que le esperan. ¿Cómo se sentirá? ¿Qué sentidos se estimularán?
> Utilice el aliento y la energía producidos por este proyecto prometedor para levantarse y dar gozosamente el primer paso en esta nueva jornada y sus múltiples acontecimientos.
> Piense igualmente en todas las posibilidades de relajación que le esperan desde la primera media hora (ver páginas 48 a 51).
> De noche, haga un repaso retrospectivo: ¿Se han cumplido todos los proyectos de esta jornada? Si ha habido inconvenientes o fracasos, intente preparar desde ahora una solución.

IMPORTANTE !

¡Por fin la velada nocturna es suya!

Esta jornada de trabajo le ha costado mucha energía. Por otra parte, el trayecto de regreso a casa puede haber sido fatigoso, y tan sólo anhela una cosa: tranquilidad. Sin embargo, le esperan los problemas y las exigencias del hogar y de la familia. Cree una pausa RELAX para recuperar su aliento y eliminar todas las tensiones antes de entrar en casa.

1 Descanso para todo el mundo

> Repita mentalmente: «El trabajo también quiere permanecer tranquilo».

2 Sin límites

> Siga atentamente los movimientos de su respiración. Visualice al mismo tiempo, en su pantalla mental, una magnífica puesta de sol.

> Deje rienda suelta a su imaginación y haga que se eleve un pincel ligero como una pluma que traza suavemente líneas en el azul del cielo. Sea consciente entonces del aliento que sale lentamente de sus orificios nasales.

3 Manos conscientes

> Junte las manos delante del pecho, como si quisiera rezar. Después, presiónelas enérgicamente una contra otra. Mantenga esta fuerte contracción durante cinco segundos.

> Suelte de golpe y sacuda vigorosamente brazos y manos. Mire sus palmas abiertas y piense en todo lo que le espera hoy.

4 Una columna flexible

> De pie, cruce las piernas poniendo el pie derecho delante del izquierdo.

Disfrutar plenamente de su velada es un arte que se aprende sin demasiada dificultad.

> Eleve los brazos extendidos por encima de la cabeza, cruce los dedos y gire las palmas hacia el cielo.

> Incline ahora lentamente el torso hacia la izquierda manteniendo la cabeza en la prolongación de la columna vertebral. Continúe este estiramiento mientras sea agradable.

> Repita el ejercicio una vez.

5 19ª etapa de placer: saborear la velada

Por fin dispone de todo su tiempo para disfrutar plenamente de su sentido del gusto. En la cena saboree atentamente y con delectación los bocados y los sorbos. Tal vez descubra nuevos matices gustativos.

> Tómese tiempo para recorrer una vez más todas las etapas de placer, una tras otra. Prepare toda la gama de los diferentes estímulos sensoriales (imágenes, objetos, perfumes, frutas, etc.).

> Una vez más dedique un gran lapso de tiempo a captar su manzana con todos sus sentidos, bajo todas sus facetas. Es muy probable que esta percepción profunda cambie su relación con las manzanas en general. Y así aprenderá a aprovechar más las pequeñas porciones.

6 ¡Objetivo alcanzado!

> Declare: «¡Ya está, he logrado la relajación!».

Si es una de esas personas a las que les cuesta desconectar del trabajo al acabar la jornada, le serán muy útiles las siguientes rutinas propuestas:

> Al final de la jornada, cierre muy conscientemente con llave la puerta de su despacho.

> Cuando cierre su taller o su oficina, deje de lado la llave siendo consciente al mismo tiempo de que también deja de lado cualquier preocupación profesional del día.

> Si en su regreso a casa camina al aire libre, viva esos momentos como un «adiós» a su jornada de trabajo.

> Una vez haya llegado a su casa, tómese tiempo para enjuagarse la cara y las manos con agua fresca. Tenga la impresión de que al lavarse se desconecta literalmente de su trabajo.

> Cuando empiece a sentirse mejor, quítese el reloj: el tiempo ya no le acuciará.

> También es muy eficaz cambiarse totalmente de prendas de vestir en casa. Al quitarse sus vestidos, piense en todas aquellas cosas de las que quiere desprenderse interiormente. Considere igualmente qué es lo que espera de las horas siguientes.

> Dedique unos instantes a recorrer lentamente su piso o su casa, y mire con placer las cosas que le rodean. Al examinar así sus posesiones, recuerde su procedencia y cómo las adquirió.

Camino del reino de los sueños

Seguramente ya ha vivido la experiencia siguiente: apenas ha logrado cierta calma exterior, en el interior de su cabeza surge el «carrusel de preocupaciones». Incluso aquellas que ya había conseguido descartar. Sería una lástima perturbar este momento de paz –cuando se desliza en las sábanas de su cama aspirando a un reposo bien merecido– por culpa de estas preocupaciones.

1 ¡Contacte con el silencio!

> Diga: «Ahora sólo es necesaria una cosa: ceder y relajarse».

2 Las últimas puertas

> Concéntrese de nuevo en sus inspiraciones y sus espiraciones. Mire a la puerta más cercana y piense en todas las otras que ha atravesado en el curso de esta jornada. Sea consciente de los problemas y las preocupaciones que ha podido arreglar en cada paso y que ha dejado atrás.

> Ponga una mano sobre el vientre: ¿Es flexible y agradablemente cálido? Sea consciente de que su vientre se mueve sin su voluntad: por el mero hecho de respirar.

3 Manos flexibles

> Durante unos cuatro segundos, con-

IMPORTANTE !

LA CAZA DE LAS RUMIAS TENACES

Sucede a veces que apenas tranquilamente acostado irrumpen las preocupaciones. ¿Qué hacer para resistir, puesto que ya ha utilizado todo el arsenal del programa RELAX?

> Levántese y vaya a otra habitación. Aquí se despide muy formal y concretamente del problema obsesivo. Con un gesto, aplácelo hasta mañana.

> Puede ser muy útil anotar en un papel los problemas que le persiguen. Limítese a algunas palabras clave.

> Al dirigirse a su dormitorio, piense que está en camino hacia la libertad de la noche. Fije un límite, detrás del cual deben aparcarse sus preocupaciones y sus problemas. La puerta de su alcoba está muy indicada para simbolizar esta frontera infranqueable: ciérrela muy lentamente y con determinación.

> Si estos problemas le asaltan de nuevo, mientras está acostado, recuerde que les ha asignado otro lugar.

> Si teme olvidar un pensamiento precioso o importante, diga interiormente: «Todo lo que es realmente importante volveré a recordarlo mañana».

traiga el máximo de músculos posibles de una mano.

> Afloje de golpe, de modo que la mano caiga elásticamente hacia abajo. Viva atentamente las vibraciones y la relajación de la mano.

4 Última relajación

> De pie en la puerta de su alcoba, extienda horizontalmente los brazos hasta tocar la chambrana de cada lado.
> Sin mover las manos, dé un pequeño paso hacia delante: entonces se producirá un estiramiento en el esternón.
> Acercándose desde la cama, avance –descalzo o con calcetines– por el suelo, como si quisiera patinar sobre una pista de hielo.

5 20ª etapa de placer: el gusto de sí mismo

He aquí el final de nuestro viaje gustativo. Es imposible saborear nuestro propio cuerpo, pero hay cosas que pueden ser reales. ¡Le sorprenderá descubrir que no carece de gusto!

> Pase la lengua sobre los labios o sobre la mano. Al mismo tiempo recuerde todos los sabores que ha degustado en el curso de esta jornada. Rememore los diferentes matices de estos placeres gustativos.

6 Una última constatación

> Declare mentalmente: «¡Por hoy, todo está bien así!». Repita esta frase en voz alta y déjela resonar.

NO RESISTA, ¡ACEPTE!

Si, a pesar de todos los métodos y ejercicios, no llega a encontrar la calma y la serenidad, se trata verosímilmente de un problema que no puede, o no quiere, resolver todavía, al menos de momento. Si ése es el caso, no resista ni luche. Acepte que este problema no resuelto ocupa momentáneamente ese lugar en su pensamiento.

No hay por qué preocuparse: Su propio cuerpo se procurará, en cualquier caso, la fase de sueño profundo que necesita (el cual incluso en las marmotas no excede de cinco horas).

IMPORTANTE !

Lo esencial,
de un vistazo

PARA DISPERSAR EL ESTRÉS

Seis elementos componen este método: meditación (consciencia de sí mismo), respiración, relajación, estiramientos, sensaciones y automotivación. Gracias a estos dispositivos encontrará la salida a su «laberinto del estrés» cotidiano en poco tiempo, sin equipamientos especiales y, sobre todo, sin someterse a presión.

MOTIVADO, PERO RELAJADO

El programa RELAX no le impone reglas estrictas ni restricciones de ninguna clase, ya que viviendo perfectamente su vida cotidiana podrá integrar y personalizar sin problema los diferentes ejercicios. Para garantizar la eficacia de RELAX, se aconseja encarecidamente establecer al principio un programa bien estructurado que abarque las ocho primeras semanas. Después de este periodo, RELAX ya formará parte de su vida cotidiana, la cual, desde ahora, será más serena y armónica.

A SUS PUESTOS...

Cada uno de nosotros experimenta la relajación de manera diferente y personal. Antes de componer su programa RELAX, identifique –gracias a nuestros tests– cuáles son sus aptitudes de satisfacción y de placer, así como sus capacidades y «trampas de estrés» específicas. Entonces podrá adaptar perfectamente los ejercicios a su personalidad y escoger los que mejor le convengan.

¡PASE LAS PÁGINAS!

Olvide la idea de que debería hacer todos los ejercicios de la A a la Z. Por el contrario, hojee este libro y –según los métodos propuestos– ensaye diferentes opciones. Siguiendo así espontáneamente su instinto y sus necesidades puntuales, va a integrar fácilmente una «isla de relajación» tras otra en su vida cotidiana.

UN GRAN MOMENTO PARA EL MÉTODO RELAX

Si su cuerpo le da señales tales como dolores de cabeza, calambres de estómago, dolor de espalda y opresión en el pecho, quiere llamar su atención sobre el hecho de que roza los límites de su capacidad de adaptación y de resistencia. ¡Es urgente recuperar el equilibrio y la relajación! Los ejercicios RELAX le proporcionarán rápidamente esta relajación profunda y le reabrirán las puertas de una vida armónica y serena.

>> La vida se maneja con la sonrisa, ¡o de ningún modo!

Proverbio chino

¡DISFRUTE DE LA VIDA!

Muéstrese activo y cree en su vida cotidiana oasis consagrados a la satisfacción. Concédase regularmente tiempo para disfrutar de momentos agradables: el placer debe formar parte integrante de su jornada. Ofrézcase estos «islotes de placer» por todas partes y en todo momento.

Índice alfabético

A

Acumular impresiones positivas, 52
Agotamiento, 30
Agua, 28
Aire, 28
Aligere su vida, 87
Aprendizaje óptimo, 25
Aprovechar todas las oportunidades, 93
Aproveche, aquí y ahora, 90
Aspectos positivos del ejercicio físico, 83
¿Auditivo, táctil o...?, 37

B

Barrer el estrés, 57
Buen asiento, 64
Buen camino, 15

C

Cerrarse, 121
Cinco errores que generan frustraciones, 115
Cinco sentidos, 26
Cinco «plus», 27
Conózcase a sí mismo, 103
Cuando aumenta el estrés, 79

D

¡Dé rienda suelta a su fantasía!, 76
Decodificar los mensajes que su cuerpo
le dirige, 21
Determine su prototipo de relax, 38, 43

E

Ejercicio mental, 101
Ejercicios respiratorios, 18
Ejercicios, 101
Elementos básicos, 28, 33, 35
Endorfinas, 18
Enriquecer su vida, 22
Escapar a la rumia, 97
Estar en forma, 11
Estimulación de la felicidad, 25
Estrés, 8, 9, 10
– enfermedades causadas por el, 10
– incremento del, 44
– riesgos del, 10
– salir del, 18
– tipos de, 14
– trampas del, 24, 30, 79, 98
– vacunación contra el, 11

Estrés crónico, 10
Evaluación del test relax, 46
Experiencias del aprendizaje, 26
Expresión corporal, 21

F

Fije sus objetivos, 82
Fuego, 28
Fuera las preocupaciones, 70, 99

G

Gimnasia cerebral, 101

H

Hacer el gato, 20
Haga coexistir sus personalidades, 105
¿Hasta dónde llega su dependencia?, 117
Hormonas de la felicidad, 18

I

Ideas antiatasco, 109

J

Jacobson, Edmund, 19

K

Kit de arranque, 36

L

La minisiesta, 67

M

Masaje de pies, 50
Medidor de adaptación, 29, 30, 98
Mejorar la armonía, 105
Mirada de los demás, 117
Modos de pensar, 22

N

Nichos de relajación, 17
No resista, ¡acepte!, 123
No sufra por todo, 107

O

Orientar la relajación, 119

P

Pensamientos para las esperas, 63
Pequeño resumen, 65, 77
Permanecer relajado, 123
Plexo solar, 18

¡Por fin en casa!, 121
Preguntas frecuentes, 51, 53, 58, 71, 91, 111, 113
Prototipo de RELAX, 36, 38
Puntos de anclaje de su relajación, 44
Puntos receptivos, 75

Q

¿Qué aptitud tiene para el placer?, 88

R

Recursos, 27
Reducir el estrés, 59
Relajación muscular progresiva, 19
Relajación, 80
RELAX
– desarrollo de la jornada con, 32
– hoja de ruta de, 31, 32
– instrumentos de, 24
– módulos los, 16, 43
– puesta en práctica del, 31
– reglas del placer, 22, 80, 81
– ritmo de, 31
– y distension, 19
– y estiramientos, 19
– y palabras-recurso, 22
– y placer, 21

– y respiración, 17
– y suspensión del tiempo, 17
Relax extra para la resistencia, 54
Rendimiento, 81
Rituales de iniciación, 17
Rumias tenaces, 122

S

Sea usted mismo, 94
Sentarse correctamente, 65
Sentidos de percepción, 37
Sistema parasimpático, 18, 83
Soltar lastre, 75
Solucionar una cosa detrás de otra, 84
Solucionar lo más urgente, 59

T

Tensiómetro, 30
Teoría del aprendizaje, 25
Tierra, 28
Transformar lo negativo en positivo, 9
Transiciones útiles, 61

V

Vaso medio lleno, 23
Viaje imaginario, 76

IMPORTANTE

Los conceptos, métodos y sugerencias de este libro se basan en las experiencias y las opiniones de su autor. Han sido comprobados por él con la máxima atención y seriedad. Sin embargo, en ningún caso deberán sustituir el consejo de un médico competente. Los lectores y lectoras harán o dejarán de hacer las cosas bajo su propia responsabilidad. Ni el autor ni el editor pueden aceptar ninguna responsabilidad por posibles daños o efectos secundarios derivados de llevar a la práctica los temas propuestos en este libro.

Título de la edición original: **Einfach entspannen.**

Es propiedad, 2004
© **Gräfe und Unzer Verlag GmbH, Munich.**

© de la traducción: : **Fernando Ruiz Gabás.**

© de la edición en castellano, 2006:
Editorial Hispano Europea, S. A.
Primer de Maig, 21 - Pol. Ind. Gran Via Sud
08908 L'Hospitalet - Barcelona, España.
E-mail: hispanoeuropea@hispanoeuropea.com

Fotos: Corbis: 29 derecha. Jump: U1, 2 izquierda, 28 izquierda, 34, 56, 75, 91, 101, 118. Getty: 123; GU: U2, 1 (A.Hoernisch); 3 izquierda, 4, 8, 11, 13, 48, 95, 120 (M. Jahreiss); 6, 98, U3 izquierda (C. Dahl); 2 derecha, 18, 24, 47 (B. Büchner); 20, 85, 89 (M. Wagenhan); 26 (J. Rickers); 32 (M. Weber); 40, 50, 55, 78, 106 (T. Roch). Plainpicture: 62. Mauritius: 3 derecha, 36, 42, 59, 60, 66, 70, 76, 80, 86, 108, 111, 116, U3 derecha. Zefa: 16, 28 derecha, 29 izquierda, 38, 68, 92, 97, 128.

Depósito Legal: B. 13114-2006.

ISBN: 84-255-1654-4.

Consulte nuestra web:
www.hispanoeuropea.com

IMPRESO EN ESPAÑA   PRINTED IN SPAIN
LIMPERGRAF, S. L. - Mogoda, 29-31 (Pol. Ind. Can Salvatella) - 08210 Barberà del Vallès